外交証言録

# 日中平和友好条約交渉と鄧小平来日

田島高志 著

高原明生
井上正也 編集協力

外交証言録

# 日中平和友好条約交渉と鄧小平来日

岩波書店

本扉写真：鄧小平副総理歓迎式．迎賓館の中庭にて，
1978年10月23日．左は福田赳夫総理．外交史料
館所蔵(分類番号2010-6217)．

# まえがき

日中両国政府は、周知のとおり、一九七二年九月に日中共同声明を発表し、日中国交正常化が実現した。その共同声明には、両国政府が、両国間の平和友好関係を強固にし、発展させるため、平和友好条約の締結交渉を行うこと、さらに、両国間の関係を発展させ、人的交流を拡大するため、貿易、海運、航空、漁業等それぞれに関する協定の締結交渉を行うことに合意した旨記されている。

その合意に従い、両国政府は、先ず各分野別の実務協定の締結交渉を行い、それぞれの交渉における困難を乗り越えた結果、貿易協定は一九七四年一月、航空協定は同年四月、海運協定は同年一一月、漁業協定は一九七五年八月に、それぞれ交渉が妥結し、調印され、締結が実現した。

平和友好条約については、まだ田中角栄内閣時代であった一九七四年一一月に東京で第一回予備交渉が行われ、続いて三木武夫内閣になってから一九七五年一月に東京で本交渉が始められた。しかし、中国側提示の条約案に入っていた「覇権条項」について、日本側は「条約にはなじまないので不要である」と主張し、中国側が「日中共同声明に入れたものと同じ条項であり、是非入れるべし」と主張して対立したため、交渉は容易に進展しなかった。

さらに、当時両国はそれぞれ国内の政治情勢が不安定であったこともあり、結局は交渉が中断状態となり、一九七六年一二月の福田赳夫内閣の成立を待つ形となった。

福田内閣成立後は、両国の駐在大使もそれぞれ新大使に替わるなど、新たな体制の下で交渉再開への準備が次第に進められた。

ところが突然、一九七八年四月に尖閣諸島へ中国漁船が大挙押し寄せる事件が発生した。予期しない事態であり、日本側の強い申し入れに対して中国側が「これは政府の関知しない偶発事件である」と釈明したため、事態は収拾された。

その結果、同年七月に正式な交渉再開が合意され、日本側の交渉代表団が訪中し、北京で日本側の佐藤正二駐中国大使と中国側の韓念龍外交部副部長の両国代表団団長との間で、八月まで連日の真剣な交渉が重ねられた。交渉が最終段階に至った八月八日に園田直外務大臣が訪中し、中国側の黄華外交部長、次いで鄧小平国務院副総理との会談を経て、交渉がようやく妥結し、八月一二日に調印となった。

その後、同年一〇月二二日に鄧小平副総理夫妻一行が来日し、翌二三日批准書交換が行われ、日中平和友好条約は正式に締結された。次いで総理大臣官邸において福田総理と鄧小平副総理との初めての会談が行われ、続いて宮中において天皇皇后両陛下が鄧小平副総理夫妻を御引見され、歴史的な会話が交わされた。

一九七四年の予備交渉から締結までの約四年間に、日本側は、田中角栄内閣から三木武夫内閣へ、次いで福田赳夫内閣へと変更があり、中国側も毛沢東主席から華国鋒主席へ、次いで鄧小平副主席兼副総理へと首脳の変更があった。

この条約交渉は、単に日中関係の懸案解決としての意味のみならず、日米関係および日ソ関係を初め、日本外交全体に大きな意味と影響を持つ、戦後サンフランシスコ平和条約に次ぐ最大とも言える案件であった。

すなわち、日本にとっては、日米同盟を基軸とし、いずれの国とも平和友好関係を発展させるとの基本的外交政策を堅持しつつ、日中間の強固な平和友好関係を維持、発展させる基盤を構築することにより、第二次大戦終結後に次第に伸びて来た日本外交の幅をより広げ、地域および世界の安定と繁栄に貢献することを可能とする意義を持つものであった。

ただ、この条約交渉上の最大の困難は、終始中国側の主張する「覇権条項」についていかに適切に対処するかにあった。当時中国が反ソ政策を採っていたため、日本側はそれに巻き込まれることを避け、「いずれの国とも仲良くする」との日本の基本的外交政策を堅持するため、そのような日本側の立場または政策の意味を中国側に繰り返し説明する必要があった。

ようやく中国側の理解を得て、この条約を反ソ条約にせず、反覇権条項および第三国条項を入れて、福田総理が繰り返し主張した「日中双方の満足する形」での条約が出来上がったのであった。

交渉中に日本はソ連から執拗な圧力を受け、米国からは賛意と激励を受けた。

この交渉の経過については、公式記録に加えて、裏話として意味のある事項または過程について、一定の回想録ないし証言録を残すことが、将来の日中関係あるいは日本外交に対する参考として何らかのお役に立てる面があるのではないか、また、それは参画者の義務ではないかとの考えから、当時北京の日本大使館においてこの条約交渉に共に携われた堂之脇光朗元公使より、そのような書を二人の共著として著わしてはどうかとの強い勧めとお誘いがあり、お互いの原稿を書き始めたのであった。ところが、真に悲しく残念なことに堂之脇氏はその後病に倒れ、急逝されたため、筆者としては、尊敬する先輩であった故人とのお約束を守るため、あらためて本書の原稿を書き下ろしたものである。

条約交渉中には、大使館側の政治部長である堂之脇公使と東京の本省側の主管課長である筆者とは、必要に応じお互いに連絡私信を通じて、相互の参考情報についての連絡を頻繁に行っていた。本書の中においても、同公使から受けた連絡私信からの引用を随所に加えてある。

本書の内容には、これまで筆者が多くの研究者あるいはメディア等から受けた質問またはインタビュー等に応える形で、または依頼を受けた講演や寄稿文での発言や文章等を通じて、すでに公開された裏話もある。しかし、それは部分的な内容であり、全容の形ではない。

また、この交渉は四年近くの歳月を費やしたものであるが、筆者が直接関与したのはその年月の中で、一九七六年一二月に福田赳夫内閣が成立してから、交渉方針が再検討され、一九七七年の鄧小平副総理の再復活を経て、日中ともに新体制下での交渉が進行し、厳しい交渉を克服してようやく妥結し、調印および批准書交換に至るまでの、二年弱の期間に限られる。従って、この回想記もほぼその期間に限られている。しかし、それは強硬な態度で迫る中国側に対し、日本側の国益を守るために交渉関係者が一丸となって知力と忍耐とにより真剣に交渉に取り組んだ実録であり、その結果は、福田赳夫総理が「日中両国間の吊り橋が鉄橋になった」と即座に評価した交渉妥結であった。

その交渉期間の過程で注目された事項は、交渉再開への段取り、中国漁船の尖閣諸島領海侵犯事件、北京での交渉の推移、園田外相・黄華外交部長会談、園田外相・鄧小平副総理会談、東京での天皇皇后両陛下の鄧小平副総理夫妻御引見とその際の会話、福田赳夫総理・鄧小平副総理会談等であった。

その中でも特筆すべき秘話は、天皇陛下のお言葉に対して鄧小平副総理が「陛下のただ今のお言葉に大変感動いたしました」と間髪を容れず応じた発言であり、その場で通訳の任を務めていた筆者には忘れることが出来ない貴重な歴史的瞬間であった。

もう一つは、鄧小平副総理が園田外相に対して、尖閣問題について「中国政府は、この問題で両国間に問題を起すことはない」ときっぱり発言したことであり、やはり現場に同席していた筆者には、これで尖閣問題の平静化が可能になったと感じ、忘れることが出来ない場面であった。

この条約締結後の日中関係は大きく変化しつつ発展して来たが、また様々な紆余曲折も経ながら推移して来ており、残念ながら当初の理想あるいは期待通りの円滑で望ましい関係とは言えない情況が近年は続いた。

筆者は、大学を卒業して外務省に入省した際に、友人の勧めから日中関係に関心を強めていたため、中国語研修を希望した。外務省は、新入省員を二年ないし三年間外国に留学させ当該国の語学および情勢を研修させる方針を採っている。筆者は台湾(当時は日中国交正常化前であり、中華民国)において二年、続いて香港において一年、計三年間の研修期間中に中国語を学習し、中国人の生活習慣などをある程度学ぶことが出来た。その後、在英大使館に転勤となり、実務を始めた。次いで東京の本省でしばらく勤務後、香港、ニューヨークの各総領事館に在勤した。ニューヨーク時代は、中国の国連加盟が承認された直後であり、同地に滞在していた中国の新華社や人民日報の記者とも懇談の機会を持ち、米国の学者を訪ねて米中関係の話を聞き東京の本省に報告を送るなどした。

一九七三年には国交正常化により設立された北京の日本大使館に転勤となった。北京では、周恩来総理の姿を遠くから見る機会もあり、また、小川(平四郎)大使が鄧小平副総理を大使公邸に招待し、応接室で食後の懇談を行っていた際に鄧副総理の座っていたソファの直ぐ前に天井から突然シャンデリアが落ちて来たため、主客双方が驚いたことがあった。筆者も近くのソファに座っていたが、鄧副総理および中国側の同行者が中国の建築技術の不足を詫び、即座に新たなシャンデリア取り付けを約していたことをエピソードとして思い出す。

当時は、「日中は世々代々友好」とのスローガンが日中双方で頻繁に唱えられていた。中国外交部の日本関係職員とは当然親しくなり、また、許可制ではあったが何カ所かの地方訪問も経験した。

一九七五年八月に帰国して南西アジア課長に就任し、一年半後に内閣が替わると同時に中国課長に就任した。その結果、歴史的に重要な日中平和友好条約交渉に主管課長として参画する機会に恵まれることとなり、その交渉が遂に成功して条約が締結されたことは、真に喜ばしく、また感無量でもあった。

その後中国は年々、経済的にも軍事的にも大国となり、日本に対して厳しい態度を示すことが次第に増えて来た。しかし、アジアの大国同士である日中両国としては、この平和友好条約の精神に則り、相互理解を深め、平和友好関係を強化し発展させ、地域および世界の安定と繁栄に貢献するため相互に協力し、努力すべきは当然のことであると思う。そのような期待を抱きつつ本書の筆を執ったものであり、第10章には、日中関係の現状と行方についての短い感想を記した。読者の方々からのご叱正を頂ければ幸いである。

本書を著わすに当たり、高原明生東京大学教授、井上正也成蹊大学教授を初め、親しくさせて頂いている知人や先輩より有益で貴重なご助力あるいはご示唆を頂いた。特に高原、井上両教授には、ご多忙の中を鼎談にご参加頂き、拙稿に花を添えて下さったこと、さらに井上教授は注釈を調査・作成して下さったことに、この場をお借りして衷心より深く感謝の意を申し上げたい。

また、岩波書店編集局部長馬場公彦氏には、本書の構成面、内容等について丁寧なご示唆、ご意見を頂戴した。特に、鼎談は馬場氏のご提案により実現したものであり、お蔭様でこの上梓を見ることが出来たことをここに記して厚く御礼申し上げたい。

二〇一八年五月一六日

田島高志

外交証言録　日中平和友好条約交渉と鄧小平来日　目次

＊本書の記述は、原則として著者の所有するメモや私信に基づいている。注釈に記された外務省文書については、編集協力者が、本書の記述を裏付ける文書のうち現在公開されているものを中心に補足したものである。

# 人物紹介

＊年号は西暦下二桁、生卒年の下は日中平和友好条約交渉当時の主な役職

## 【日本側】

### 政治家

**福田赳夫**（一九〇五―九五）　内閣総理大臣
東京帝大卒、29年大蔵省入省。退官後の52年に衆議院議員に初当選。自民党政調会長、幹事長、農林大臣、大蔵大臣、外務大臣など要職を歴任。佐藤栄作首相の後継者と目されていたが72年の自民党総裁選で田中角栄に敗北。76年から78年まで内閣総理大臣を務め、日中平和友好条約締結を実現した。

**鳩山威一郎**（一九一八―九三）　外務大臣
鳩山一郎元首相の長男。東京帝大卒、41年大蔵省入省。事務次官を経て74年参議院議員に当選。日ソ国交回復を実現した父の名声を期待され、当選一回目ながら福田赳夫内閣の外相に抜擢されたが、目立った外交業績を挙げることはなかった。

**園田直**（一九一三―八四）　内閣官房長官／外務大臣
陸軍軍人を経て、郷里の村長を務めた後、47年に民主党から初当選。衆議院副議長、厚生大臣を経て、福田赳夫内閣の内閣官房長官、次いで改造内閣で外務大臣を務めた。福田派では新参であったが、持ち前の行動力で日中平和友好条約締結に向けて積極的に活動した。後に福田と大平正芳が激突した「四〇日抗争」で大平支持に回ったため福田派を除名された。

**安倍晋太郎**（一九二四―九一）　内閣官房長官
父は安倍寛代議士。岸信介元首相の女婿。東大卒業後、毎日新聞社に入社。同社退職後、岳父岸の首相秘書官を経て58年衆議院議員に当選。農林大臣を経て、福田赳夫改造内閣の内閣官房長官に就任。福田派のプリンスとして福田政権の日中平和友好条約交渉を支えた。

### 外務省（本省）

**有田圭輔**（一九一七―二〇〇五）　外務事務次官
父は有田八郎元外相。東京帝大卒、41年外務省入省。入省後アメリカに留学するが太平洋戦争開戦のため帰国。翌年応召。戦後はOECD代表部公使、駐ソ連公使、欧亜局長、駐イラン大使、外務審議官を経て、77年に事務次官。退官後は国際協力事業団総裁を務めた。

**高島益郎**（一九一九―八八）　外務審議官
東京帝大卒、41年外務省入省。翌年陸軍に召集され、敗戦後はシベリアに抑留される。条約局長として日中国交正常化交渉に携わり、アジア局長、駐オランダ大使を経て、外務審議官として日中平和友好条約交渉に関わった。79年に事務次官に就任。駐ソ連大使を最後に退官。退官後は最高裁判所判事

に就任するが在任中に死去。

**中江要介**（一九二一―二〇一四）　アジア局長

京都帝大卒、47年外務省入省。条約課や国連日本政府代表部勤務などを経て、71年よりアジア局参事官、次長、局長を歴任した。その後、駐ユーゴスラビア大使、駐エジプト大使を経て、84年駐中国大使に就任した。

**斉藤邦彦**（一九三五―）　条約局条約課長

東大卒、58年外務省入省。条約課長として日中平和友好条約交渉を担当した。後に条約局長、駐イラン大使、外務審議官、事務次官、駐米大使を歴任した。退官後は国際協力事業団総裁を務めた。

**小和田恆**（一九三二―）　内閣総理大臣秘書官

東大卒、55年外務省入省。英国ケンブリッジ大学留学を経て、福田外相秘書官、条約課長を務めた後、76年首相秘書官に就任して再び福田赳夫を補佐した。後にOECD日本政府常駐代表、外務審議官、事務次官を経て国連代表部大使を歴任。退官後は国際司法裁判所判事を務めた。

### 外務省（駐北京大使館）

**佐藤正二**（一九一三―二〇〇一）　駐中国大使

東京帝大卒、40年外務省入省。本省では主に条約畑を歩む。条約局長として沖縄返還交渉を担当。官房長、駐スペイン大使、事務次官を経て、77年駐中国大使に着任。北京での日中平和友好条約交渉のとりまとめにあたった。包容力のある「大人」と評された。退官後は国際交流基金理事長。

**堂之脇光朗**（一九三二―二〇一五）　駐中国公使

東大卒、54年外務省入省。アメリカ局調査官、国際資料部分析課長、駐米大使館一等書記官を経て、75年駐中国大使館公使に着任。後に中南米局長、軍縮会議日本政府代表部大使、駐メキシコ大使を歴任した。退官後は日本紛争予防センター会長として、予防外交の推進を図る活動に努めた。

## 【中国側】

**鄧小平**（一九〇四―九七）　党中央副主席、国務院第一副総理

四川省広安県生まれ。中国共産党指導者、毛沢東死後中国最強の実力者。フランス、ソ連に留学。中央委員会秘書長、八路軍第一二九師団政治委員、中共中央委員、中央西南局第一書記、政務院副総理、中央政治局常務委員、党中央総書記等を歴任。文革勃発後、二度目の失脚、73年復活し、病身の周恩来に代わり活動。周恩来死後、第一次天安門事件で三度目の失脚、77年復帰。第一一期三中全会以降、近代化、改革開放を推進。華国鋒主席解任後、党中央軍事委員会主席就任。第二次天安門事件後、党・軍すべての職を辞任、92年「南巡講話」で再度改革開放の大胆な推進を呼びかけた。

**華国鋒**（一九二一―二〇〇八）　党中央主席、国務院総理、党中央軍事委員会主席

山西省交城県生まれ。交城県山岳地帯ゲリラ戦に参加、交城県党委書記、湖南省湘潭地区党委書記、湖南省党委候補書記、

湖南省党委書記、全人代湖南省代表、中共中央委員、国務院副総理兼公安部長を経て、周恩来死去後に国務院総理代行、党中央第一副主席兼国務院総理。毛沢東追悼大会で弔辞、党中央主席、国務院総理、党中央軍事委主席。80年国賓として訪日。81年歴史決議で批判され、党中央主席、党中央軍事委主席を解任。

**廖承志**（一九〇八—八三）　中日友好協会会長

東京生まれ、原籍は広東省恵陽県。父は国民党幹部の廖仲愷、母は何香凝。19年に帰国するが、25年父が暗殺され、母が息子と娘を再び日本に送る。早稲田大学第一高等学院に入学。中国に強制送還され28年中共入党、ドイツへ。長征参加、延安で中央宣伝部副部長、新華通信社社長、49年中央委員、54年戦後初の訪日代表団である中国紅十字会代表団副団長として訪日、62年LT貿易に署名。中日友好協会初代会長・外交部顧問、日中国交正常化交渉の全過程に参加。鄧小平副総理訪日に随行。

**黄華**（一九一三—二〇一〇）　外交部部長

原籍は河北省磁県。延安に入り毛沢東とエドガー・スノーの会見通訳、南京市軍事管制委外事組長、板門店朝鮮戦争交渉政治予備会議中国側代表、駐アラブ連合大使、国連安保理事会初代常駐大使、外交部長、中共中央委員等を歴任。日中平和友好条約に園田外相と署名調印、鄧小平副総理訪日に随行、日中条約批准書に署名。日中漁業協定(改正)を佐藤大使と交換、華国鋒総理訪日に随行、日中科学技術協力協定調印、趙紫陽総理訪日に随行。

**韓念龍**（一九一〇—二〇〇〇）　外交部副部長

原籍は貴州省仁懐県。上海警備部政治委員、駐パキスタン大使、駐スウェーデン大使、外交部長助理、外交部副部長、中ソ国境交渉首席代表、ベトナム問題パリ和平会議出席などの後、74年日中海運協定調印のため訪日、78年首席代表として日中平和友好条約交渉に当たり、鄧小平副総理訪日に随行。国連総会出席、華国鋒総理訪日に随行。中国人民外交学会代表を務めた。

**符浩**（一九一六—二〇一六）　駐日大使

原籍は陝西省醴泉県。延安に入り、八路軍第一一五師団政治処処長、渤海軍区敵工科長、駐モンゴル大使館参事官、外交部アジア司副司長、駐印大使館参事官、国貿促顧問、訪日貿易代表団顧問、外交部弁公庁主任、外交部副部長、駐北ベトナム大使を経て、駐日大使。鄧小平副総理訪日に随行。外交部顧問。

**沈平**（一九一九—八八）　外交部アジア司長

原籍は浙江省天台県。外交部交際処副処長、駐ジュネーブ総領事、駐英代表処参事官、外交部米・大洋州司長、初代駐伊大使を経て、外交部アジア司長。鄧小平副総理訪日、華国鋒総理訪日に随行の後、駐タイ大使、駐カンボジア大使を歴任。

**王暁雲**（一九二〇—八三）　外交部アジア司副司長

原籍は山東省寿光県。日中戦争中、八路軍の敵軍工作幹部学校で日本語を習得。57年中国紅十字会代表団員として訪日、

中日友好協会副秘書長、常務理事、66年貿易文化交流拡大共同声明、67年日中貿易議定書に調印、世界卓球選手権大会参加代表団副団長として訪日、外交部アジア司副司長。韓念龍副部長訪日に随行、日中平和友好条約交渉代表団員、鄧小平副総理訪日に随行。駐日大使館参事官。

**肖向前**（一九一八—二〇〇九） **外交部アジア司副司長**

原籍は遼寧省台安県。東京高等師範学校に修学。中央統一戦線工作部、中国紅十字会代表団秘書、中国人民外交学会副秘書長、中日友好協会常務理事、中日覚書貿易東京駐在事務所首席代表、駐日大使館参事官を経て、外交部アジア司副司長。華国鋒総理訪日に随行、外交部第一アジア司長、趙紫陽総理訪日に随行。駐バングラデシュ大使。

**張香山**（一九一四—二〇〇九） **党中央宣伝部副部長**

原籍は浙江省寧波。天津中日学院を中退し、東京高等師範学校に留学。天津市左翼作家連盟書記、八路軍第一二九師団敵工部副部長、46年北平軍事調処執行部秘書長、62年平和友好代表団員として訪日、中日友好協会常務理事、72年外交部顧問、中日友協代表団副団長、党中央対外連絡部副部長、中央広播事業局長、報道代表団長として訪日、党中央宣伝部副部長、全国政協委員。胡耀邦総書記訪日に随行。中国国際交流協会副会長、21世紀委員会首席委員、90年中華日本学会顧問。

**陳抗**（一九二二—） **駐日大使館参事官（文化担当）**

原籍は遼寧省蓋県。旧満州建国大学修了、中国人民大学外交系卒。55年中国貿易代表団随員として訪日、LT貿易東京連絡事務所代表、外交部アジア司日本処処長、駐札幌総領事、駐マレーシア大使、中日友好協会副会長等を歴任。

**丁民**（一九二七—） **外交部アジア司日本処処長**

朝鮮族。遼寧省瀋陽生まれ。LT貿易弁事処代表、中日友好協会理事、外交部アジア司日本処処長代理、同処長、外交部アジア司副司長、駐日大使館公使、国際交流協会駐日弁事処首席代表、国際人材交流協会駐日代表処総代表等を歴任。鄧小平副総理訪日、華国鋒総理訪日、趙紫陽総理訪日に随行。

**王效賢**（一九三〇—） **外交部アジア司日本処副処長**

原籍は河北省楽亭県。大連日本高等女学校卒、北京大学に学ぶ。中国紅十字会訪日代表団、田中角栄総理・毛沢東主席会談、大平外相・周恩来総理会談、日中平和友好条約交渉の通訳。鄧小平、華国鋒、趙紫陽の訪日に随行。中日友好協会理事、外交部アジア司日本処副処長、同処長、駐日大使館参事官、中日友協副会長兼秘書長、対外友協副会長を歴任。

**徐敦信**（一九三四—） **外交部アジア司日本処副処長**

原籍は江蘇省揚州。日中平和友好条約交渉代表団員、鄧小平副総理、彭真全人代常務委員長訪日に随行。外交部アジア司日本処副処長、同処長、外交部アジア司副司長、駐日大使館参事官（公使待遇）、外交部アジア司長、外交部長助理、外交部副部長、駐日大使を歴任。

# 第1章　福田赳夫内閣の成立

## 1　福田内閣成立以前

日中平和友好条約は、一九七二年の日中共同声明第八項において、その締結を目的として交渉を行うことが合意されたものであった。

日中共同声明により日中国交正常化が実現し、その後両国間の貿易協定など各種実務協定が次々に締結されたが、平和友好条約交渉は、一九七二年一一月衆参両院本会議において「政府は速やかに平和友好条約の締結交渉を進めるよう最大の努力をいたすべき」旨の決議が行われたのみであった。

その後、一九七四年一一月に中国側からの打診を受けてから、同年一二月田中内閣を継いだ三木内閣の成立後間もない翌一九七五年一月一六日に東郷（文彦）外務次官と陳楚駐日大使との間で、交渉がようやく開始された。

しかし、中国側の条約案に含まれていた覇権条項(1)について、日本側は「同条項は条約にはなじまないものである」と述べて、日中間に意見の相異が生じた。しかも、その意見相異の事実が、一九七五年一月二三日付『東京新聞』朝刊に記事として報道され、表面化してしまった。

それを契機として、ソ連は、トロヤノフスキー駐日ソ連大使が椎名悦三郎自民党副総裁を初め日本政府に対し、日中条約交渉に強く反対する旨の申し入れを繰り返し行い、モスクワ放送も同様趣旨で取り上げるなど、日本に対する圧力を執拗にかけ続けた。

そのような情況を経過しながら、一九七五年四月には条約案文を双方で交換し、東京では覇権問題を中心とする実質問題の交渉を行い、北京では一般条項に関する条文交渉を行うとの方式をとることに合意し、数回の交渉が行われたが、それら交渉は進捗を見ないままに過ぎた。

中国側は、条約締結についての早期決断を迫るのみであったが、日本側は、一九七五年九月ニューヨークにおいて宮澤喜一外務大臣が喬冠華外交部長と会談を行い、条約を日本の基本的な外交政策に沿う内容のものとする方針に基づき、覇権条項の共通認識として、骨子次の四点を説明し提示した。

1　覇権反対は、日中両国の共同行動を意味しない。

2　覇権反対は、特定の第三国に対するものではない。

3　覇権反対は、国連憲章の原則と精神に沿うものである。

4　覇権反対は、アジア・太平洋地域のみならず、世界のいずれの地域においても守られるべきものである。

この四点については、その後宮澤大臣が国会答弁で説明されたが、メディアでは、「宮澤四項目」（あるいは「四条件」または「四原則」）と呼ばれた。(2)

中国側はこの提示に対し、喬冠華部長が、反覇権をあらためて解釈する必要はないとの趣旨を述べ、消極的な反応を示すばかりであった。

しかし、同年一一月に日本側は、覇権条項を入れるとともに、上記の四点に沿う内容の第二次条約案を中国側に提示した。それに対し中国側は、日中共同声明の精神と実質から後退しており同意できない、との反発を依然として示すのみであった。

翌一九七六年に入り、中国の国内では、一月に周恩来総理の死去、二月に華国鋒の総理代行就任、四月に第一次天安門事件の発生とその責任を問われた鄧小平副主席の二度目の失脚、七月に唐山大地震の発生、九月に毛沢東主席の死去、一〇月に「四人組」の逮捕および華国鋒の主席就任など、国内政情の不安定と変化が続いた。

そのため、日中間の条約交渉は進展する余裕がなく、膠着状態が続いた。

他方、日本でも一九七六年は、ロッキード事件の発生(二月)、田中前総理の逮捕(七月)、自民党内の派閥争いなどがあり、国内政情は不安定であった。

そのような中で、同年一〇月ニューヨークにおいて、小坂善太郎外相と喬冠華外交部長との会談が行われたが、交渉の早期妥結への双方の熱意を確認したのみで、具体的な進展はなかった。

続いて喬冠華外交部長の更迭と黄華外交部長の就任、さらに陳楚駐日大使の更迭があった。

結局この年は、上記のような日中両国それぞれの国内情勢もあり、日中間の条約交渉は頓挫したまま中断状態となった。そして同年一二月、三木総理の辞任があり、福田内閣が誕生した。

## 2　福田赳夫内閣の成立

一九七六年（昭和五一年）一二月二四日、福田赳夫内閣が成立し、鳩山威一郎参議院議員が外務大臣に就任した。[3] 外務省の人事では、アジア局中国課長の藤田公郎氏が鳩山外務大臣の秘書官に就任し、筆者はアジア局南西アジア課長から同中国課長に転任の発令を受けた。当時の事務次官は佐藤正二氏、外務審議官は有田圭輔氏、官房長は松永信雄氏、アジア局長は中江要介氏、駐中国大使は小川平四郎氏であった。

筆者は、北京の日本大使館に二年間の在勤後、一九七五年に帰国し、インドやパキスタンを含む六カ国を担当する南西アジア課長に任命された。この地域は筆者にとり新たに経験する地域であったので、就任早々バングラデシュのクーデター事件の発生を経験したり、またインドは大国で日本にとり石炭や鉄鉱石などの重要な資源供給国であったため課題が多く、忙しく真剣に働いた。

しかし、実はこの任命の際に、人事課長から次は中国課長だよと内密に言われていたので、実際に中国課長に任命された際には、外務省入省時から期待していた日中関係の仕事に末端の責任者の一人としていよいよ従事できる順番が来たことを有難く思うと同時に、重要な懸案事項である平和友好条約交渉に携わる責任の重さを十分に感じていた。

筆者が中国課長として前任の藤田課長から引き継いで課せられた任務は、中国の内外情勢の把握、日中協力関係の推進、日本・モンゴル関係の推進[4]という通常任務の上に、当時の日本外交上としては最大の懸案事項であった日中平和友好条約交渉の再開問題があった(5)。

三木内閣の末期には、条約交渉の膠着状態が続いたこともあり、福田内閣が成立した頃の北京の日本大使館では、幹部館員から筆者宛に届いた私信(6)によれば、条約交渉は事務レベルで動かせる時点は既に過ぎており、外務大臣が乗り込んで一気呵成に走らないと進捗は無理ではないか、との見方が強かったようである。

しかし、本省側では、新たな総理や外務大臣に対しこれまでの交渉の経緯と現状を十分に説明して、今後の方針を慎重に検討してから臨むことが必要であり、当然であると考えていた。

また、当時の中国は、ソ連を覇権主義として非難すると同時に、米国と日本に接近することにより、ソ連に圧力をかける戦略をとっていた。そのため中国側は日本側に対して、一九七二年の米中共同声明(上海コミュニケ)および同じ年の日中共同声明それぞれに含まれていた「覇権条項」を、日中平和友好条約の中にもそのまま入れることを「譲ることのできない原則問題」として強く主張していた。

しかし、日本側は、覇権条項をそのまま入れることは、日本が中国とともにソ連を批判する反ソ条約を作ろうとしているとソ連側から誤解される結果になり兼ねず、中国の主張をそのまま受け入れることはできないという立場をとったのであった。

日中条約は、日本と中国との平和友好関係を約束する条約であり、その中に、他国との関係に害を与え、いずれの国とも友好関係を維持するとの日本の基本的外交方針に悖《もと》る意味を持つ条項を入れることはできなかった。

## 3　条約交渉方針の再検討

福田内閣の成立後、日中条約交渉については直ちに、福田赳夫総理大臣、鳩山威一郎外務大臣、および園田直官房長官それぞれに対して外務省幹部から詳しい説明を行い、今後の方針について協議を行った。

同時に、外務省内では、佐藤正二事務次官および松永信雄官房長を中心に、少数の関係者間で新内閣の下での日中条約交渉の取り扱いにつき、極秘の検討会を何回も行った。

なお、日中条約交渉に関する外務省内の討議、協議および書類の配布は、内容が機微であるためごく少数の関係者のみに限られていた。それは、前内閣においては交渉上の機微な内容が洩れ、新聞に報道されてしまったため、ソ連から執拗な圧力を受ける契機になるなどの苦い障害を経験したことにもよるものであった。

省内幹部による当初の討議では、例えば、「一般的に見れば、二国間の平和条約の性格は、戦後処理を目的にするもの、戦略的背景を持つもの、との二つの類型があり得る。これを日中条約について見れば、中国は戦略的意義の観点から考えており、日本は友好関係維持という象徴的意義の観点から考えている。つまり、日中条約に対する日中両国の思惑は異なっている。従って、両国間で凍結されている諸懸案を条約交渉と同時に処理すべしとの意見もあるが、それは妥当ではない。例えば領海問題は、二〇〇海里案に中国も支持を表明しており、尖閣諸島問題は直ちに詰め過ぎるわけには行かず、別途取り上げる時と場合を考えなくてはならない」などの見方が議論された。

また、「中国は、米日中三カ国間の『統一戦線』を作ってソ連に対抗する戦略を考えていると見られるが、ソ連が覇権主義だから反対するという態度は一九世紀のパワーポリティックス的な古い外交感覚であり、単純で特殊な感情論であり危険である。また、華国鋒体制は不安定であり、内政の基調は鄧小平路線により非毛沢東化を進めている実権派体制と見られるが、今後の情況を十分見定める必要がある」などの見方も議論された。

さらに、「『宮澤四項目』については、『条件』などの言い方は適当ではなく、交渉は弾力的な態度で進める必要があろう。日中条約と矛盾する中ソ同盟条約の無効化を確認する必要があるが、それは周恩来や廖承志の発言だけでは駄目で、文書を取っておく必要がある」など様々な角度からの意見による検討が行われた。

ただし、上記に挙げた様々な見解は、筆者の当時の走り書きのメモに残されている何回かの検討会の間に出された初期の一部のものであり、結論でもなく、決定されたものでもない。当初は、おおよそこのような意見交換も行いつつ、交渉方針が詰められて行ったという一側面を示すものである。

## 4　福田総理の演説と条約交渉の推進

福田内閣が成立して間もない一九七七年(昭和五二年)一月中旬に、河野謙三参議院議長が訪中し、廖承志中日友好協会会長と会談した。同月下旬には、竹入義勝公明党委員長が訪中し、廖承志会長および華国鋒主席と会談して、それぞれ福田総理のいわゆる「伝言」を中国側に伝えたと報じられた。さらに、竹入委員長は帰国後、同月二六日に福田総理を訪ね、訪中結果を詳しく報告したと報じられた。

その内容は、日中国交正常化の際に、公明党竹入委員長が事前に訪中し、交渉上の具体的な問題点に関する周恩来の発言を詳細に田中総理に伝えたと言われたような役割というよりは、日中間の相互信頼を醸成する役割を果されたものと筆者は推測した。

福田総理は、一月三一日に国会での施政方針演説で、「わが国の外交にとり、戦後日本の繁栄と安全を支えて来た日米両国の友好関係は基本的な際立った重要性を持つ」と述べ、次いで「東南アジア諸国の平和と繁栄はわが国にとり最も大きい関心事であり、積極的寄与を通じ協力してまいる所存」と述べた。

次に、「中国との善隣友好関係を揺るぎないものとし、日中平和友好条約については、できるだけ早期に締結を図ろうとする熱意において両国は一致しており、政府は双方にとって満足のいく形でその実現を目指し、一層の努力を払ってまいる所存である」と述べ、政権の課題として十分重視しているとの考え方を示し、前向きの姿勢を表明した。(7)

そして、「日ソ両国の関係もわが国の外交にとり極めて重要であります」と述べた、という順序であった。

さらに、二月七日の国会答弁では「宮澤四項目は原則でも条件でもない」と述べ、条約交渉についての柔軟で積極的な姿勢を明確に示した。

北京では、二月一四日、小川大使が黄華外交部長を公邸の夕食に招き、懇談を行った。(8) その際、黄華部長は「喬冠華前部長が更迭になったが、政府の方針が変わることはない」との意を述べ、また、「公明党竹入委員長は、華国鋒主席に福田総理の伝言『日本政府は今後とも日中共同声明を忠実に実行する』を伝えたが、われわれはその意思表示を歓迎する」と述べた由であった。

小川大使は同一六日一時帰国し、二〇日福田総理に中国側の条約問題に対する態度および中国の内外政状況を報告された。

外務省では、同二一日次官室で少数幹部が集まり、条約交渉の今後の方針を検討した。[9] その骨子は、「今後の対処方針は、わが方提出の第二次条約案を堅持する。タイミングについては、日ソ漁業交渉、参院選等を見極める。ソ連および日本国民の反応に留意する」等であった。

小川大使は二月二五日北京に帰任し、三月一一日中国外交部の余湛次官を訪ねた。その際、本省が小川大使に指示した発言要領は、「福田内閣の対中姿勢は、日中共同声明を厳格に遵守すること、懸案の交渉は、良好な日中関係の維持がアジアの将来にとり最も重要であるとの観点に立ち、日中両国民より祝福されるものにしたい。交渉は日本側の第二次条約案を基礎として、外交チャネルを通じて進めたい」との趣旨であった。

しかし、特に先方からの新たな動きはなかった。

三月中旬に、北京の堂之脇公使から筆者宛に届いた私信によれば、一月以来北京では鄧小平復活への動きを見守る状態が続いており、三月九日王暁雲外交部アジア司次長等と食事をした際に、最近は条約問題で忙しいかと尋ねたのに対し、同席した徐敦信アジア司日本処副処長は、日本の参議院選挙の見通しが難しく、その問題で忙しいと答えた由であった。

それは、中国側が、日中条約交渉の再開については未だ真剣な検討を始めていないこと、むしろ、福田内閣成立後の日本の政治情勢の行方を見定めようとしていることを示すものと思われた。

## 5　福田総理の訪米と日中双方の動き

福田総理は、一九七七年三月一九日から二五日まで訪米し、カーター大統領と日米経済関係のみでなく、米中関係、日中関係にも触れた会談を行った。ちなみに、『わが外交の近況〔外交青書〕』には「福田総理大臣は、七七年三月訪米し、二一、二二日の両日、カーター大統領と会談した。両首脳は、〔中略〕諸問題について忌憚なく話し合い、〔中略〕両国の提携関係を一層強化していくことを確認し合った」と記されている[10]。

日本国内では、三月に「自民党アジア・アフリカ研究会〔ＡＡ研〕」の結成、「日中平和友好条約推進委員会」の設立、「日中友好議員連盟」の決議などがあり、四月には、土光敏夫経団連会長の訪中と華国鋒主席との会談、社会党代表団の訪中があるなど、政界、経済界ともに日中条約交渉再開を推進させようとする動きが高まった。

これらの情況に対抗して、自民党内慎重派の動きも出て来た。福田総理は、日中条約交渉再開への党内の理解と支持を確保するため具体的な段取りを進めたいとの考えで、六月七日党内長老との会談を行ったが、長老側からは慎重な意見が出され、保利茂衆議院議長も慎重な態度を見せたと伝えられた。

さらに、六月九日日韓大陸棚協定が自然承認されたことに対し、中国は、「協定は違法で無効である」との外交部声明を発表し、李先念副総理が小川大使に対して、「中日関係は停滞ないし後退している」と述べるなど、日中間にはやや厳しい雰囲気が生じていた。六月一六日付の北京の伴〔正一〕公使から筆者への連絡信によれば、中日友好協会の張香山副会長は、訪中した金子一平議員に対して、大陸棚問題について日本を非難し、さらに、同協会の廖承志会長は、「日本の政局と福田総理の条約に対する考え方に当惑している」と述べた由であり、それに対して金子議員は、「大丈夫だ」と言い、先方に一生懸命釈明しておいたとのことであった。また、同協会の呉曙東も、「福田総理は何を考えているのか」と厳しい発言をしていた由であった。

これらの情報は、総じて中国側が日本側の真意になお疑念を残していた様子を示していた。

# 第2章　福田内閣改造と交渉再開の打診

## 1　鄧小平の再復活と日中両国新大使の着任

中国では、一九七七年三月の中央工作会議で鄧小平の再復活が決定され、七月の中国共産党第一〇期中央委員会第三回全体会議(三中全会)において、正式に鄧小平の復職が決議された。

八月には、中国共産党第一一回全国代表大会(一一全大会)で「文化大革命」の終結が宣言され、新しい党規約に「四つの近代化」目標が掲げられ、続いての中国共産党第一一期中央委員会第一回全体会議において、華国鋒主席以下、鄧小平副主席を含む新指導部体制が固まった。

それは、華国鋒が主席ではあるものの、事実上は改革派の鄧小平が実権を握る体制ができたことを示すものと解された。

福田総理は、外交の基本的政策として、日米関係を基軸としつつ、「すべての国と友好、互恵の関係を維持していかなければならない」との平和友好外交を主唱した(11)。

上記のような中国側の新体制に向けた動きの中で、五月六日には符浩外交部副部長の新駐日大使への発令があった。日本側でも、日中条約交渉への新体制を固めるために、福田総理は新駐中国大使の人選を考えられ、六月二八日付で佐藤正二外務次官が新駐中国大使に任命された。

小川平四郎大使は七月四日帰朝し、現地の情勢を総理および外務省幹部に報告された。

外務省内では、今後の条約交渉案を本格的に作成する準備のため、省内のすべての関係局部課に要請して、条約交渉および締結に関連する情報と見解を集め、それらを参考に整理して今後の条約交渉方針案を起案した。

七月二日飯倉公館において極秘裏に有田次官、松永官房長、中江アジア局長、大森(誠一)条約局長、中国課長(筆者)が集まり、同方針案の骨格を討議した。その結果に基づいて同四日方針案を作成し、同五日次官室において再度同じ出席者の間で検討のうえ方針案を固めた。それを七月一一日および同一五日「日中平和友好条約について」と題する交渉方針案として大臣室で討議した[12]。

それは、同二八日に「日中平和友好条約と外務省の見解」と題する最終方針案として、大臣室において鳩山大臣、有田次官、佐藤大使、高島(益郎)外務審議官、松永官房長、アジア局長、条約局長、小和田(恆)総理秘書官、藤田大臣秘書官、および中国課長(筆者)が出席して検討を行い、同三〇日の会議において確定した[13]。

同方針の内容要旨は、先ず総論として、条約交渉の基本的な考え方は、

1　日本の国益を守るためには、いかなる国とも争いの種を作らないこと、

2　少なくともアジア地域が安定していること、

3　そのためには、日本が中国と良好な関係にあることが重要であること、

等が挙げられた。また、条約締結の利点として、

1　日本のアジア外交の重要な柱である日中関係を長期的に安定させることが可能となる、
2　中国が条約の未締結を理由に対日ゆさぶりを行うのを防ぐことが可能となる、
3　両国間に存在する諸懸案について、より円滑な話し合いが可能となるであろうこと、
等が直接的には期待できる点とされた。

また、各論として、条約交渉を進めるに当たり考慮すべき対外問題として、日ソ関係、日米関係、朝鮮半島、東南アジア、日中関係、日台関係等への影響と対処方針等を詳細に記したものであった。

それと同時に、七月一八日および二二日に次官室で「条約交渉の段取り案」の議論を行い、同三〇日に大臣室で鳩山大臣に対し同「段取り案」の説明を行った。それには、交渉開始が決められた場合には、開始前の段階で国内諸手当として、与党、野党、メディアを対象に、総理、外相、官房長官、党幹事長等がそれぞれ分担して事前の内部説明を行うこと等が記された(14)。

八月になり、佐藤大使の着任が近づいたので、同二日に佐藤大使着任後の中国要人に対する挨拶時の発言要領案について次官室で協議を行った(15)。次いで鳩山大臣と福田総理に同案を説明し、承認を得た。その際に総理が条約問題について述べられた考え方の要点は、
1　日中共同声明を誠実に履行する、
2　日中双方が満足できる形で、できる限り早期に締結する、
3　交渉はすべて正規の外交チャネルで行う、
との三点であった。

中国の符浩大使が八月二日に、日本の佐藤正二大使が同一〇日に、それぞれ任地に着任し、双方の新しい交渉窓口が固まった。

同一二日に佐藤大使は、着任挨拶のため黄華外交部長を表敬訪問し、「日中友好関係の発展に努めたい。貴部長の協力をお願いする。福田総理は日中友好関係の発展を真剣に考えておられる」旨伝えた。それに対し黄華部長は「中日両国は一衣帯水の隣国であり、中日友好関係をさらに発展させるべきと思う」旨応じたとの大使からの報告があった。

つまり、その段階では、双方とも日中条約への直接の言及はしなかったのである。お互いに相手の出方を見るというような情況であった。

日中両国の新体制の下で、福田内閣の課題は、如何に日中条約交渉再開の糸口を見つけるかにあった。総理の指示により、外務省では、上述のとおり交渉方針とともに交渉再開準備のための「手順、段取り」の検討を極秘裏に行っていた。

ところが、一九七七年八月六日からの福田総理の東南アジア歴訪中に、一部の検討内容が八月一〇日付『朝日新聞』朝刊の第一面の記事として報道されてしまった。実は、その前日の夕刻、平素外務省へしばしば取材に来ている朝日新聞の記者が、執務中の筆者のところへ来て、同記者の予定記事原稿を見せ、その内容の正確さを尋ねた。筆者は驚いて、「そのような記事を報道したら、条約交渉の再開はご破算になってしまうぞ」と言い、報道の取り止めを強く要求した。

しかし、その記者は「取り止めは出来ない」と言い、内容の表現を若干弱める修正を行ったのみで、結局は翌一〇日朝刊に「日中条約打開　国連の場でメドさぐる」と題する記事として報道されたのであった[16]。

筆者は甚だ遺憾に思い、後日に記者の取材先を突き止めた結果、それは福田総理の東南アジア歴訪中に、何と随行した外相が記者の強引な要請に負けて、情報を洩らしたものであったことが判明した。

いずれにせよ、そのような記事が出た結果、日本側の交渉準備の手の内が中国側に知られるのは必定となったため、検討中の「手順、段取り」のシナリオは上司とも相談し、残念ながら御破算として、あらためて検討し直すこととした。これは苦い思い出であった。

他方、当時同じく日本外交の重要課題となっていた東南アジアとの協力関係の強化を目的とした福田総理の東南アジア訪問は、マニラで行われた「心と心の触れあい」を唱えた「福田ドクトリン」と言われる演説が、東南アジア諸国から非常に高い評価を受け、今日までもアセアン諸国(当時は五カ国であった)の記憶に残されている歴史的な成果を挙げた。

九月になり、符浩大使は、着任挨拶に園田直官房長官を表敬訪問した。その際に園田官房長官は、符浩大使に対し「福田総理は、条約交渉を行う決意をしておられる。交渉再開は、日ソ長期漁業協定締結後に可能となろう。現在極秘裏に党内の根回しをしているところである」と内々に述べられた由であった[17]。

九月一〇日には、訪中した日中友好議員連盟浜野清吾団長と鄧小平副総理との会見が北京で行われ、鄧副総理が「条約締結は一秒で済む。調印の二文字である」と発言し、日本の各紙に大きく報道された。この「一秒で済む」発言は、日本国内の雰囲気にかなり大きな影響を与えた[18]。

外務省としては、前内閣の下で提示した第二次条約案に対する中国側の明確な反応がない情況下において、このまま日本からの訪中団体または議員に対する中国側の間接的な言動に日本国内世論が振り回されることは好ましくないと判断し、鳩山大臣が国連総会に出席する機会に、中国の黄華外交部長が国連総会に出席する場合にはそこで外相会談を行い、中国側の真意を見定めることにしたいと考え、その実現のため中国側と協議し、準備を進めた。

そのため、九月二〇日に外相会談用として国際関係、日中関係、条約問題等を含む発言要領案を作成し、次官および大臣の了承を得た。

九月二二日に総理官邸において、大臣、次官、高島外務審議官、小和田総理秘書官の出席の下に、同発言要領について福田総理との打ち合わせが行われた。

総理は、外相会談の結果として「双方が満足し得る形で出来る限り早期に締結することで日中間の合意が得られた。今後はその段取りについて外交チャネルを通じて進めて行く」と国会で発言することが出来れば一番良いと思うが、と言われ、さらに、対中交渉を始める前に、当面の対ソ手当を進めるよう指示された由であった(19)。

総理としては、日中条約交渉を順調に始めるためには、日ソ関係を着実な状態にしておくことが、ソ連側の圧力を防ぐためにも、国内の漁業関係者を含め利害関係者の不満を起させないためにも、必要な手順であるとの慎重な考えを持っておられたものと解された。

他方、この頃筆者には、中国課長として日中間の他の案件に関与する諸種の任務もあった。例えば、日中間の実務面における協力関係を進める事項の一つとして、九月二五日に東京―北京間の気象情報交換に関する「日中気象回線設立に関する取極」締結の交渉が終了し、北京で調印が行われることになった。

また、一九七四年以来交渉が継続中であり、かなり困難のあった「日中商標保護協定」交渉がようやく妥結したので、九月二九日に日中国交正常化五周年を記念すると同時に同協定の調印式が北京で行われることに決まった、との明るい進展があった。

また、中国が要望していた鉄道関係の技術協力案件があり、当時の国鉄が熱心に準備を進めていたが、中国側が日本からの協力を欲しつつも、第三世界のリーダーとしては自ら途上国と認める理由を付して公式の協力要請書を日本側(当時の国際協力事業団)に提出することを拒み続けていた。[20] そのため、中国課および関係者が説得した結果ようやく納得したという経緯があり、担当していた中国課は関係作業に多忙な時期であった。これは、中国が日本からの経済援助(技術協力)を正式に要請した最初の案件であり、中国課は国鉄の担当部門から深く感謝され、後日筆者が中国課長を離任した際には国鉄側より温かな歓送会への招待を受けた記憶がある。

九月二六日に符浩大使の福田総理への表敬訪問があった。それには、中国大使館から肖向前参事官、周斌書記官、外務省から枝村(純郎)アジア局次長、筆者、小原(育夫)事務官が同席した。

九月二七日には、第二次日中友好議員連盟訪中団が、鄧小平副総理、廖承志会長、張香山副会長と会見して帰国した。

九月二九日ニューヨークで国連総会に出席した鳩山外務大臣は、先に東京で準備した方針に従い、同じく国連総会に出席した中国の黄華外交部長を日本の斎藤鎮男駐国連大使公邸に迎え、条約問題を含む両国関係に関する会談を行った。会談に日本側からは、高島外務審議官、藤田大臣秘書官および筆者が同席した。

続いて、同公邸で開かれた斎藤大使主催の国交正常化五周年記念晩餐会に両外相が出席し、祝杯を交換した。

晩餐会前の外相会談においては、鳩山大臣の丁寧な発言に対して、先方は、今回の会談は条約の基礎作りのための会談ではないと否定的な発言を行い、条約の基礎は共同声明であると述べた。鳩山大臣の「双方満足し得る形で出来る限り早期に締結を」との言葉に対して、共同声明からはずれる可能性も残す含みではないかと警戒する気配の反応を示し、同席した陳楚大使が、日本側の発言に新味はない、と横から発言するなどで終わってしまった。

従って、同会談は、日本外交の基本方針を先方に説明する機会になった点では意味があったが、条約問題についての実質的進展はないままとなった。

一〇月には、「日中平和友好条約促進協議会」(小坂善太郎会長)の結成があり、一〇月四日には訪中した二階堂進前官房長官と鄧小平副総理との会見があった。

そこで二階堂議員は、反覇権条項に関する第三国条項についての私案として、「この条約に基づく平和友好関係の確立は、第三国に対するものではない」を提示したと新聞に報じられた。

上記のように、この年九月から一〇月初めまで、日中気象情報交換取決めおよび日中商標保護協定各交渉の妥結・調印、国際協力事業団を通じた鉄道技術支援の合意等の他に、日本側の議員等の訪中者の増加が見られたが、肝心の条約交渉再開の糸口を見つけることはできなかった。

外務省では、ニューヨークでの外相会談に実質的な意味がなかったため、中国側の態度は依然として不明確であり、このまま双方とも一歩を踏み出し難い膠着状態が続くような場合、対外面では日ソ関係に複雑な影響を与え、国内面では条約交渉への賛否両論対立の情況を生み、冷静な交渉に支障を来すとともに、条約締結後の国内措置にも困難が伴う恐れがあると判断した(21)。

従って、それを避けるため、この際、条約交渉はわが方から一歩踏み出すべきであると決断し、一〇月一一日に、続いて同一五日に、次官室で検討会を開き、先の外相会談の評価を踏まえた今後の交渉対処方針案をあらためて作成した。

同一七日有田次官は福田総理に同方針案を説明し、了承を得て、同二〇日に再度次官室で協議のうえ「条約交渉の今後のとり進め方」との方針案を決定した(22)。

それは、先ず具体的な段取りとして、同年一二月一二日より東京で東アジア太平洋地域大使会議の開催が予定されているので、同会議に出席予定の佐藤大使が一時帰国される前に中国側の責任者と会談して頂き、中国側の考え方を見定めることにより交渉の糸口を探すことから始める、というものであった。

その頃は党内の慎重派の多くも、福田内閣存続のためには、日中条約の締結は、その内容にもよることではあるが止むなし、との考え方になっていた模様であった。

一〇月一九日、二階堂議員は福田総理を訪問し、訪中報告を行った。

同二〇日、有田次官は保利衆議院議長を訪問し、条約問題の現状を報告された。同議長は、中国には中国の外交政策があり、わが国にはわが国の外交政策があるという点をはっきりさせるべきは当然、と述べた由であった(23)。

同二一日、有田次官は二階堂議員を昼食に招待し、会談を行った。同議員からは廖承志、韓念龍、王暁雲、鄧小平と長時間会談した旨の説明があった(24)。

同二五日から二八日まで岸信介元総理が台湾を訪問し、厳家淦総統および蔣経国行政院長と会談した。これは、福田総理を守る立場にある岸元総理が、日中条約問題についてあらかじめ台湾側の理解を得るために特別な役割を果されたものと思われた。

同二五日には、日本を訪問した中国報道代表団張香山団長(中日友好協会副会長)と福田総理との会見があった。

同二九日、福田総理は鳩山大臣と会談された。

同三〇日には、中江アジア局長が灘尾弘吉日華議員懇談会会長を訪問し、条約問題の現状を説明した。同会長は拡大均衡で行くべしと述べた由であった。

そうして、同三一日には、上述の方針に従い、佐藤大使に対し、一時帰国の前に中国側責任者と会談を行う申し入れをすべしとの訓電が発出された。

なお、一〇月一〇日には北京の佐藤大使の発案で、中国情勢協議のため北京、上海、香港の各在外公館長の出席する会議が北京で開催された。本省の主管課長としての筆者にも出席要請があったので北京に出張し、久しぶりに香港の野田(英二郎)総領事、上海の田熊(利忠)総領事にお会いすることができ、意見交換と歓談の機会を得た。しかし、この会議は条約問題とは直接の関係はなく、日中関係に関する一般的な意見交換会であった。

## 2　園田外務大臣の就任と佐藤・韓念龍会談

### 園田外相の就任と佐藤大使の一時帰国

一九七七年一一月二八日に福田総理は内閣改造を行い、日中条約交渉の再開を念頭においたと見られる園田直外務大臣、安倍晋太郎官房長官を入れた新体制を整えた。

翌二九日福田総理は、記者会見で「条約交渉の環境は熟しつつある」と発言し、園田外務大臣は「交渉は、事務当局で煮詰めたうえで、自分が必要になれば訪中する」と発言した。

一一月三〇日に佐藤大使は韓念龍外交部副部長を公邸の夕食に招待し、条約問題について初めての意見交換を行った。さらに、一二月一〇日に中日友好協会に廖承志会長を訪ねて、同じく条約問題について意見交換を行った[25]。

外務省では、一二月一〇日にあらためて「今後の条約交渉の取進め方」を作成した。その内容の骨子は、次のようであった。

1 現状判断、膠着状態であり好ましくない。
2 一歩踏み出す交渉方針(覇権条項は中国案を基礎とする。第三国に対するものではないとの条項は、日本案第六条を基礎とする。協議条項は含めない)
3 具体的段取り
4 関連措置(党内根回し等)

一二月一一日に佐藤大使は帰国し、東アジア太平洋地域大使会議に出席した後、同一五日に園田大臣に対して、韓念龍副部長および廖承志会長との会談結果を報告し、今後の方針について協議を行った。それには、有田次官、高島外務審議官、松永官房長、中江アジア局長、筆者および佐藤(行雄)外務大臣秘書官が同席した[26]。

佐藤大使は、「韓念龍副部長は硬い態度であったが、廖承志会長とは実のある話ができた。そもそも、条約の文言の問題は別として、先ず双方の基本的な考え方をすり合わせておかなくては、日本には日本の外交政策が、中国には中国の外交政策があるのであり、仮に条約を作っても、その条文の解釈で食い違いがあっては困るのではないか、と先方に述べたのに対し、廖承志会長は、それはそうだな、という反応であった。総じて中国は条約交渉に乗り気になっており、内外情勢を考慮すれば、自分としては日中関係をいびつなものにしないためにも、条約は早く作った方がよいと判断する」との趣旨で報告された。

なお、同一五日に関係幹部の会議で「条約締結の意義及び諸利点(案)」をあらためてまとめた[27]。

同一七日に佐藤大使は、福田総理に対して、園田大臣および安倍官房長官ほか外務省幹部も同席の下で、韓念龍副部長および廖承志会長との会談の結果と大使の観察を報告された。

総理への報告の場に筆者は同席しなかったが、その内容について知らせを受けて記した筆者のメモによれば、総理は、「よく分った。条約を作ることは決断しているが、段取りとタイミングに頭を痛めている。引き続き廖承志と会談を行って欲しい。その様子を見てからさらに具体的な段取りを決めることにしたい」と佐藤大使に指示された由であった。

総理の指示を踏まえ、同一九日に「条約締結交渉の手順、段取り(案)」を作成し、同二〇日に大臣室で条約交渉に関する会議を行った。参加者は、園田大臣、佐藤大使、有田次官、高島外務審議官、官房長、アジア局長、中国課長(筆者)、および佐藤秘書官であった。

その「手順、段取り(案)」は、おおよそ次のとおりであった[28]。

1　佐藤・廖承志会談で「特定の第三国を念頭においた条約とすることはできない」という日本の立場を説明

し、同意を得る。

2　佐藤・韓念龍、佐藤・廖承志の公式会談を申し入れ、日中双方の案文に即した交渉に入る。非公式会談の認識通りで行けるならば、先へ進む。

3　自民党内調整を始める。

一二月二六日に有田次官は保利衆議院議長を訪問し、佐藤大使の総理への報告について説明された。同二七日に自民党の外交調査会・外交部会合同会議が開かれた。その際には、党内慎重派から強い警戒発言があり、それに対して園田大臣は「現在は白紙の状態であり、政府側が見切り発車することはない」と、慎重派の疑心を解くよう考慮しながら発言されていた。

## 佐藤大使の帰任と初回会談

年を越えて一九七八年(昭和五三年)一月佐藤大使は北京に帰任し、一月八日に廖承志会長を公邸での食事に招待した。そこで、佐藤大使は東京での協議の結果を踏まえて、同会長に今後の条約交渉の進め方、段取りについての日本側の考え方を説明し、中国側の考え方を尋ねるとともに、日本の基本的外交政策および反覇権問題についての考え方を私的メモの形にして提示しながら説明した。(29)

それに対し廖承志会長は、佐藤大使が韓念龍副部長とも同様な会談を行うよう勧めた。廖承志のこの勧めは、責任逃れのためとの見方もあり得るが、むしろ、条約交渉は本来政府の仕事であることを踏まえた筋の通る助言でもあり得ることを考えると、中国側がようやく交渉に取り組む準備を進め始めた可能性を示すものとも見られた。

佐藤大使からの報告を踏まえ、一月一二日夜、総理私邸において、八日から訪ソされ一〇日に帰国された園田大臣を初め、安倍官房長官、有田次官、高島外務審議官が参加して条約問題の協議を行った。[30]

佐藤大使は、当然直ちに韓念龍副部長に会談の申し入れを行った。しかし、一月二三日付堂之脇公使から筆者宛の私信には、「佐藤大使は、韓念龍副部長への会談の申し入れに対する返事がなかなか来ないので、気をもんでおられる。王暁雲と丁民も努力してくれているが、韓副部長は一月二六日外国出張に出発予定なので、その前に返事がなければ、中国側の考え方について廖承志の方からの回答を督促することを考えている」と記されていた。

後日に判明したことであるが、実はその頃、韓念龍副部長は、鄧穎超のカンボジア訪問や、鄧小平副総理のビルマ、ネパール訪問などに随行中ないし随行予定であったため、日本大使館への返事が遅れていたのであった。

他方、この間に日本では、一月二〇日に開かれた自民党大会で条約推進を含む運動方針が採択されるという進捗があった。

それを踏まえて同二一日には、福田総理が第八四回国会における施政方針演説で、「日中平和友好条約に関しましては、双方にとって満足のいく形で、できるだけ早くこれが締結されるよう、真剣に努力してまいりましたが、交渉の機はようやく熟しつつあるものと判断されますので、さらに一段の努力を重ねる決意であります」という具体的な発言を行い、交渉の再開に向けての積極的な姿勢を示した。[31]

外務省では、一月二五日「今後の交渉促進の方策」について検討を行い、中国側の返答を待つ間に次官が符浩大使を招宴に招く案、総理から華国鋒主席に書簡を送る案などが検討された[32]。

翌二六日に、福田総理は、参議院本会議で「しばしば申し上げているように、わが日本はどの国とも仲良くするという考え方で全方位平和外交方針をとっているわけです」と発言した。

同日にも外務省では、次官室で関係者が集まり、今後の方針について打ち合わせを行った。

同三一日には、大臣室において前年の九月北京で調印された日中商標保護協定発効の通告に関する書簡交換が、園田大臣および符浩大使の間で行われ、その際両者間で短時間の立ち話が交わされ、園田大臣からも前向きの姿勢が符浩大使に伝えられた由であった。

この頃、筆者は、自民党若手衆議院議員で条約交渉推進派の野田毅議員および藤波孝生議員から要請を受けて、日中平和友好条約締結の意義についての勉強会に出席し、参加議員からの諸種の質問に応えて説明を行ったことがあった。場所は議員会館内の一室であったが、四〇名近くの若手議員が出席し、多くの議員から熱心な発言があり、条約の早期締結を支持する前向きの雰囲気で一杯と感じられた。

## 3　佐藤大使の二回目会談と交渉再開の打診

北京では、佐藤大使から韓念龍外交部副部長への会談申し入れに対しても、また、佐藤大使から廖承志会長へ伝えた交渉の進め方に関する中国側の考え方の照会に対しても、中国側から全く返事がなかった。

二月三日付堂之脇公使から筆者宛連絡信によれば、一月二七日北京において国務院が外交団を招待した観劇会の際に、黄華外交部長が佐藤大使を部屋の隅に招いて、韓念龍からの返事が遅れていることを陳謝し、韓念龍が海外出張から帰国したら直ぐ返事をさせる旨述べたとのことであった。

二月六日、外交部より大使館の堂之脇公使に、韓念龍副部長は鄧小平副総理に随行してネパール訪問から同日に帰国した旨、および旧正月の休日(七日から九日までの春節)終了後に、韓副部長が佐藤大使とお会いする旨の連絡があった。そして、休日明けの二月一一日に外交部から再度の連絡があり、ようやく同一四日に佐藤大使と韓念龍副部長との会談が実現することになった。

実は、その間の二月八日に、園田大臣より有田次官に対し、大臣の旧知である廖承志会長から大臣宛に大臣の訪中を要請する私信が届いたので、大臣からは廖承志会長宛の返信として、日本側に対する中国側の正式な返事を催促する書簡を第三者を通じて送る意向であるとのお知らせがあった(33)。

そのため、翌九日に有田次官および筆者を含む関係者が大臣室に集まり、その書簡の書き方について大臣とご相談させて頂くことになり、中国側に対しては佐藤大使を信頼して佐藤大使と十分話をして欲しいと強く求める内容にして頂いた経緯があった。

二月一四日の佐藤・韓念龍会談は、前年一一月三〇日の会談に続く二回目の会談ではあったが、実質的には、最初の佐藤・韓念龍会談であった。

佐藤大使は、「交渉の再開を申し入れたい。その進め方は、先ず双方の考え方や立場を十分理解し合い、それから条文交渉を行うことにしたい。日本側としては、反覇権条項を入れる決断も条約を作る決断もできている。しかし、日本は、ソ連に覇権を求める行為があれば、それには反対であると言えるが、日本に対し、ソ連は『覇権主義国』であると言え、と言われてもそれはできない。日本には、ソ連に対する日本の立場がある。この条約ができた後に、反覇権の解釈について日中間で齟齬があるようでは、反って日中友好関係を損なうことになると思うが、中国側の考え方を聞きたい」との趣旨を詳しく述べた。

これに対して韓念龍副部長は、「条約が遅れているのは、日本側がソ連に気兼ねしているからで、反覇権条項は自明のものであり、解釈の必要はない。中日条約は中日間のことであり、第三国に干渉の権利はなく、同じく日ソ関係は日ソ間のことであり、中国は干渉しない。日本が日ソ関係のことをどう言われようが中国は差し支えない」との趣旨を述べた。続けて双方は、相互の立場を種々述べ合った後、再会を約して会談を終えた[34]。

外務省では、翌一五日にこの会談の報告を検討した結果、中国がようやく日本と同じ土俵に乗って来た兆しがあり、具体的な交渉が可能になったと判断し、佐藤大使の力量に感謝し、直ちに総理および外務大臣と今後の方針を協議した。

その結果、二月一六日の関係幹部会議で、佐藤・韓念龍会談を引き続き行い、日中双方の基本的外交政策、すなわち日中条約が第三国に対するものではない点および中ソ同盟条約についての認識の鍵となる事項等について予備的な話し合いを続ける、条約締結の目途が立った場合に大臣の訪中を実現する、との「条約交渉対処方針」を決め、二月一八日佐藤大使にその旨訓令を送った[35]。

## 4　佐藤大使の三回目会談と公明党代表団の訪中

佐藤大使は、早速二月二〇日に韓念龍副部長との第三回目の会談を申し入れたが、中国側からの返事は直ぐには来なかった。

この頃民間では、二月一六日北京で「日中民間長期貿易取決め」が、日中長期貿易協議委員会代表団の稲山嘉寛委員長と劉希文中日長期貿易協議委員会主任（対外貿易部副部長）との間で調印された。

中国国内では、二月二六日に第五期全国人民代表大会（全人代）が開会となり、日本国内では、条約交渉再開が近いと一般に見られていたためか、日本の各紙とも、自国の国会に関する記事よりも大きく全人代関連記事を連日掲載し、中国の最新情勢に対する国内メディアおよび国民の関心の異常なまでの高さを示した。

全人代は、三月五日に閉会となり、新憲法が採択され、華国鋒総理、鄧小平副総理の体制が維持された。福田総理より、華国鋒総理へ祝電が送られ、それが、『人民日報』紙面に北朝鮮首相およびベトナム首相からの祝電に次いで三番目の順序で報道されたことは、中国の日本重視、日中条約交渉への期待を示すものと見られた。

上記のような中国の全人代の動向に対する日本国内での異常なまでの関心の高さに対応して、外務省では、全人代の開催期間中、主管課である中国課が、連日の全人代の会議内容および中国中央指導部の人事異動等を分析し、その結果を、園田大臣に対しては翌日の明け方に、筆者から直接大臣のご自宅に電話で報告し（事前に大臣より、自分は毎朝剣道の訓練のため早起きであり、秘書官を通さず直接自宅に電話するように、との指示があった）、また、次官初め外務省の関係幹部に対しては当日の夜半または翌日早朝に、電話または文書で報告を行う体制で臨んだ。

そのため、この期間を通じて中国課の担当職員達は全員超多忙となり、連日夜半過ぎまで仕事に携わり、課長としての筆者の睡眠時間も一週間を通じての合計が一〇時間程に過ぎない情況であった。

韓念龍副部長からは、三月三日(金)になって翌四日(土)に佐藤大使とお会いできる旨の返事があり、同日第三回目の佐藤・韓念龍会談が実現した。

そこで佐藤大使は、日本側が条約に反覇権条項を入れる方針であることを再度述べたのに対し、韓副部長は、第三国条項に関する案文については中国側が既に提示した案に固執する態度を示した。しかし、佐藤大使は、「第三国条項については日本側の意見もある。日本には日本の外交政策があり、中国には中国の外交政策がある。……日中は日中、日ソは日ソである」と述べたのに対し、先方も「そのとおりである」と応じ、外交政策の独自性についてはそれを確認することができた。続いて双方は、協議条項の取り扱いや中ソ同盟条約の問題等も含め諸事項についても意見交換を行った。

外務省では、同四日夜大臣室に有田次官を含む関係幹部が集まり、この会談の結果を高く評価した。

しかし、翌五日福田総理は、日中と日ソは別とする日本の立場への中国側の理解が必ずしも明確ではないとの印象を持たれ、「覇権問題で食い違いがあっては困る。もう一回佐藤・韓会談を」と言われ、慎重な姿勢を示した。

そのため、同六日に次官室で打ち合わせを行った結果、同八日に佐藤大使に廖承志との再会談を求める訓令を発出した。

しかし、佐藤大使から、廖承志との再会談は中国側が受け入れて来ないとの見方を含む意見具申の電報が入り、結局、有田次官は、中国課長(筆者)を北京に出張させて佐藤大使と本省側との理解の一致を確認する方針を採られた。

筆者の出張と時期を同じくして、三月一〇日から矢野絢也書記長を団長とする公明党代表団が訪中した。同代表団は、出発前の三月八日竹入委員長とともに福田総理を往訪し、訪中は中国側からの突然の要請によるものであるが、側面的に援助する気持ちはある旨述べた。それに対し総理は、条約交渉の経緯と現状を説明され、総理のお考えとして、第一に熱意をもって早期に断行する、第二にいずれの国とも善隣友好関係を発展させるとの基本的立場を守る、との二点を自分のメッセージではなく「立場表明」として中国側に伝えても結構である、と言われ、矢野書記長がそれを紙に記したところ、官房長官がサインされた由であった[36]。

一行は北京に到着後、三月一四日に廖承志中日友好協会会長との会談、および張香山同副会長との会談、続いて鄧小平副総理との会談を行った。

そこでは中国側が、条約問題について、次のような「四項目」を骨子とする基本見解を表明した。これは、公明党代表団団長矢野書記長が中国側に伝えた福田総理の考え方に対する回答の意味を持つものであった。
1　条約は共同声明を基礎として早期に締結する。
2　両国の平和友好関係の発展は第三国に対するものではない。覇権反対は誰に対するものではないとは言えない。

3　中日両国はそれぞれ独自の外交政策を持ち、覇権反対は共同行動を意味しない。
4　福田総理の早い決断を望み、園田大臣の来訪を歓迎する。

また、鄧小平副総理が「中日条約交渉の問題は、政治的見地に立たず外交的見地に立っていては解決しない」と発言した旨報じられた。同代表団の帰国後、矢野書記長は三月一七日に福田総理を訪ね、訪中結果を報告した旨各紙は報じた。

三月一二日に筆者は、有田次官の指示に従い北京へ飛んだ。空港から大使公邸に直行し、玄関で立って筆者を迎えて下さった佐藤大使にご挨拶すると、大使はにやにやしながら「何しに来たんだ」と言われた。東京は現地のことを余り分ってないという多少の不満を持っておられたものと感じられた。筆者は、佐藤大使および堂之脇公使等に東京の空気と本省側の考え方を詳しく説明し、佐藤大使のお考えもあらためてお聞きして、打ち合わせを行った。

翌一三日に中国側より昼食の誘いがあったので、堂之脇公使が主催することにして、大使館から内田(富夫)書記官等が同席し、中国側からは、王暁雲アジア司次長(副司長)、丁民アジア司日本処処長、徐敦信同副処長らが出席して、双方の関心事項について意見交換した(37)。

筆者は一五日に帰国したが、羽田空港には中国課の杉山(洋二)首席事務官からの連絡メモが届いていた。それには「明一六日朝八時より飯倉公館で大臣への報告会の予定。それまで外部との接触を控えるようにとのアジア局長の指示あり。一五日夜に予定されていた枝村参事官主催の外部の関係者も含めた夕食会には出なくてよいように手配済み」と記されていた。

筆者は、枝村参事官には約束通り出席できないことを申し訳なく思いながら、止むなく新聞記者などを避けるため自宅には帰らず、空港から外務省に行き、省内でしばらく時を過した経緯があった。

なお、数日後に堂之脇公使から筆者宛の連絡信が届き、先日の貴課長の来訪は本省の空気が分り、大いに有益であった旨記されてあったのでようやく安心した。総理は最終責任者であるので、中国側の理解が明白に確認されたとの自信を持って次へ進みたいと考えられたものと思われた。しかし、有田次官は、電報の文言および佐藤大使に対する信頼から問題はないと判断したので、課長を派遣することにより総理の疑念を拭い、自信を持って頂こうとしたものと解された[38]。

翌三月一六日は、午前八時から飯倉公館において報告会があり、園田大臣、次官、官房長、アジア局長、条約局長、総理秘書官、条約課長、中国課長(筆者)が出席し、筆者から出張報告を行った。そこでは、本省側と大使館側の考えに基本的な相異はないこと、ならびに、筆者と時を同じくして訪中した公明党代表団に対し中国側が表明した「四項目」についての大使館側の見方などを報告した。

九時過ぎに大臣が席を外された後、関係幹部は続いて今後の交渉方針と国内での関係者への根回し等について協議を行った。

その結果、同日佐藤大使宛に廖承志との会談を催促するべく訓令電報が出された。それに対しては、佐藤大使から、廖承志との会談の実現は無理と思われる、むしろ直接交渉を行うべきと思われる旨の意見具申の電報が届いた。

なお、同日から中国課を中心に、今後の可能性に備えて外務大臣訪中の場合のロジスティック関係の事務的準備作業の検討が静かに始められた。

その後堂之脇公使は、筆者宛連絡信で、「佐藤大使と廖承志会談の再度の実現については、黄世明に中文テキストを貰う際に催促した。訪中した宇都宮(徳馬)先生は、歓迎宴の挨拶で『自分は園田大臣から、廖承志会長に対し佐藤大使に是非会われることを希望する旨伝えるようにと頼まれた』と述べた由であった。しかし、大使からの意見具申のとおり、もし時間がかかるようなら、大使と韓念龍の再度の会談を先にすべきではないか。今の中国側の態度は、『四項目』で言うべきことはすべて言った、一切補足説明はしない、あとは外交チャネルで交渉して欲しい、ということと思われる」と伝えて来た。

東京では、あらためて三月二〇日に大臣室で今後の方針を協議し、同二二日に飯倉公館において福田総理、園田外相、安倍官房長官および牛場(信彦)対外経済相、外務省側は有田次官、中江局長、斉藤(邦彦)条約課長および筆者が出席し、現状報告、条約の第三国条項等の問題、今後の段取りなどにつき総合的な打ち合わせを行った。その結果、総理からは、引き続き外交チャネルで交渉の瀬踏みを行うようにとの指示があった。

なお、その頃自民党慎重派議員の要求に応じて、アジア局から提出した日中条約締結の意義を説明したペーパーの内容が、三月二三日付『サンケイ新聞』に「日中平和友好条約交渉の経緯」と題する外務省メモに関する記事として掲載された。それは、「田島メモ」と通称されるようになったが、実際には中江局長の口述を筆者が筆記し、多少修正を入れて浄書してから中江局長の指示で議員側に提出したものであったが、慎重派議員のいずれかからそのメモが洩れたものと思われた。中江局長から筆者に、慎重派議員からメモの内容について強い批判が出ているので、君はしばらく国会に顔を見せないようにとの指示があったため、筆者はしばらく静かにしていた経緯があった[39]。

園田大臣は、三月二二日の協議の結果に従い、同二四日に自民党総務会に対して、同二七日には政府与党首脳会議に対して、福田総理は翌二八日に党の長老に対して、それぞれ政府の条約交渉再開方針を説明され、それに対する支持を要請した。しかし、慎重派の議員からはいろいろな条件が要求されたので、園田大臣は非常に注意深い配慮を行いつつ説明に当たられた由であった。

外務省アジア局中国課では、今後の事態に備えるため、四月三日に各局部課に依頼して、大臣訪中の際に要する参考資料を準備する作業を始めた。

四月七日に与党側では外交調査会および外交部会による二回目の合同会議が自民党本部で開かれ、外務大臣および関係局長が出席して質問に答えた。会議の最後に、石井一議員が党員としての理解ある立派な見識に基づく発言をされたことが筆者の印象に残っている。

四月五日付堂之脇公使発の筆者宛連絡信には、「大使館では、いよいよ大臣訪中の受け入れ準備を進めており、館内受け入れ体制案を作成したのでコメント乞う。廖承志会長が久野忠治議員に対し、条約の表現の問題は交渉で決める問題ですと言った由である。第三国条項については、条約課で六案を用意したと新聞に洩れているが、中国案のままでもよいのではないかと大使も自分も考えている」などの北京での状況が記されていた。

四月一〇日次官室において、次官、高島外務審議官、山崎(和之)官房長、中江局長、枝村次長、小和田総理秘書官、筆者が出席して今後の諸般の方針を打ち合わせた。

四月一一日には、第三回の自民党合同会議が開催され、小坂会長より覇権の意味について質問があり、外務省側より「一国が他国の意思に反して力により自己の意思を押し付けようとする種類の行為であって、主権尊重とか内政不干渉とかの国連憲章の原則とは相容れないものである」と答弁した。[40]

# 第3章　尖閣事件の発生と収束

## 1　尖閣諸島領海侵犯事件の発生

上述のように、条約交渉再開へ向けての国内の雰囲気も高まり、党内の支持を取り付けるため、福田総理を初めとする政府の慎重な「手順と段取り」は、ほぼ順調に進みつつあった。

ところが、四月一二日、尖閣諸島周辺に一〇〇隻以上の中国漁船が「尖閣は中国の領土だ」と記した横断幕を掲げつつ、一部が領海内にも入り、気勢を上げて集結している、という情報が突然飛び込んできた。

筆者は、国会に出席中の中江局長よりその日の昼過ぎ頃に電話で事件発生の通知を受け、直ちに省内の有田次官等関係幹部および小和田総理秘書官に報告した。

続いて、次官室に関係幹部が集まり協議を行った結果、翌一三日に在京中国大使館の宋文一等書記官に対し外務省への来訪を求め、筆者より、このような事態の発生に対する遺憾の意を表明し、中国漁船を直ちに日本の領海外へ退去させ、同様な事件の再発を防止する措置をとるよう申し入れを行った。

しかし、同書記官からは「尖閣諸島は中国領であり、中国漁民は漁業活動の権利を持っており、日本側の申し入れは受け入れられない。日本側がこのような申し入れを行うことに遺憾の意を表する」という硬い返答であった。

また、筆者が宋文書記官をエレベーターまで送る途中に、廊下を歩きながら「条約交渉が微妙なこの時期に、中国側がこのような事件を起すのは一体どういうことなのか」と訊ねたところ、「日本の一部の人が尖閣問題を利用して条約交渉を妨害しようと考えているのではないか」などという予想外の答えが返ってきたので、驚くばかりの思いであった。

同時に筆者は、条約交渉再開を直前に控えている重要なこの時期に、その障害ともなるこのような事態の処理は一刻の猶予も許されないと考え、翌一四日に旧知の在京中国大使館陳抗参事官に電話をかけ、「昨日の宋書記官のような応対では、話にならない。日中条約交渉の準備が進展し始めている状況下で、中国側は何故このような事件を起すのか、中国側の真意を知りたい」と長々と事態の深刻さを説明して善処を迫り、「至急に事件を解決しなければ、条約は当分出来ないだろう」と伝えた。

筆者は、さらに、翌一五日に同参事官を極秘裏に都内の某料亭に昼食に招き、「中国政府は、福田総理が日中条約交渉の再開に確固たる決意をしておられ、現在正に党内調整に真剣に取り組んでおられることを理解し、信じるべきである。この機会を逃せば、中国側が急いで締結を望んでいる条約は、しばらく棚上げにならざるを得ないであろう。この旨を本国政府に説明し、事件解決の適切な措置を至急とるよう説得すべきではないか」と重ねて強調した。

陳抗参事官は、「この事件の背景は全く不明であるが、言われることはよく理解した。本国政府には直ちに伝える」と応えた。

他方、北京の日本大使館では、東京からの訓令に基づき、一四日堂之脇公使が外交部アジア司王暁雲次長を訪ね、事件発生に対する遺憾の意の表明と再発防止の要請を行った。しかし、王暁雲次長は、「尖閣諸島は中国領であり、漁船の操業は当然であり、日本側の遺憾の意の表明は遺憾である。尖閣諸島問題については、日本側としばらく棚上げにすることが了解されており、中国側の態度は変っていない。ただ、今回の事件の具体的な情況については調査する。中日関係を害する積りはない」との回答であった。

このような情況であったので、日本側としては取りあえず中国側の調査結果を待つことにした。

中国漁船は、当初一〇八隻と数えられ、うち一六隻が領海内に侵入していると報告された。漁船は必ずしもすべてが操業しておらず、中国国旗を掲げて漂っているだけのものもいる様子であった。その後漁船は一四〇隻以上が確認され、徐々に増えている様子であった。

それはちょうど国会開会中でもあったため、外務委員会では、連日与野党議員からこの事件に対する政府の対応や現状と見通しなどについての質問が次々と出され、園田大臣が答弁されたほか、担当課長である筆者も答弁に立った。

そのような情況下で、四月一二日から訪中していた社民連の田英夫議員一行が、一五日に北京で耿飈副首相と会談した際、同副首相は、「今回の事件は意図的なものでもなく計画的なものでもない。漁民が島に上陸したわけでもないし、全くの偶発事件である。条約交渉とも関係はないし、中国側にやっかいなことを引き起す意図はない」と発言した。廖承志会長も同議員一行に対し、「中央は今回の事件に全く関知していない」旨述べたと伝えられた。

福田総理は「冷静沈着に対処する」と何度も言われ、「条約問題は、事件と切り離して処理する」とも発言された。

一六日は日曜日であったが、中江アジア局長が在京中国大使館の肖向前参事官を呼び、中国側の善処を重ねて求めるとともに、外交ルートを通じての回答を要請した。

この日の夕方には、ようやく中国漁船が去り始めているとの海上保安庁からの報告があり、一七日の夜には漁船が領海付近から完全に姿を消したとの報告があった。

四月一七日付堂之脇公使から筆者宛の連絡信には、「中国漁船の領海侵犯問題の扱いに苦慮されていると推察。貴課長と陳抗参事官の秘密会談はまことに時宜を得たもの。自分も王暁雲次長に似たような話をした。誠意を持って働きかけることが解決の途と思う。調査結果は近く通報して来る可能性あり。耿飈発言の場には王暁雲次長、陸棋日本処担当官も同席していた。中国側としては限度一杯の配慮を示した発言の積りであると思う」旨書かれてあった。

ところが、一八日には前日深夜から再び中国漁船が四〇隻以上領海内に入って来たという通報があったので、北京で堂之脇公使から王暁雲次長に再度申し入れを行うよう大使館に訓令を送った。

一九日には中国漁船は領海外にようやく去っていた。二一日になって外交部から大使館に対し面会を受ける旨返事があったので、堂之脇公使が赴いて王暁雲アジア司次長に対し、調査結果について質した。同次長は、「中国漁船は釣魚島付近で毎年操業を行っており、今回の事件は漁船の漁労活動中に偶然発生したものである。中国政府には中日関係を害する積りはない。日本政府も中日友好の大局的見地からこの問題を処理されるよう希望する」旨述べた。中国側はこれで正式にこの事件の幕を閉じたい意向と見られた。

## 2　尖閣事件の収束

外務省でも、中国側のこの説明で事件にはケリをつけることができると期待した。しかし、四月二五日の党・政府首脳会議で福田総理の訪米予定と尖閣事件についての報告が行われた際に、福田総理は、中国側から調査報告を受け、それから最終決着をつけ、その後に条約交渉を再開する、と説明された。

そのため、外務省では福田総理の真意について十分には理解ができず、総理の言われる最終決着の具体的な意味について、問題は形式か、レベルか、表現かなどと種々推測を行った。議論の結果、レベルを上げた形で佐藤大使には韓念龍副部長とお会い頂いて事件の最終決着を確認することになった。

四月二六日付連絡信で堂之脇公使から早速筆者に照会があり、「二五日の総理の慎重な発言の理由は明確ではないが、佐藤大使は、中国との対決を避けるためにはいまのところじっと待つしかないのではないかとのお考えである。その後で、大使と韓念龍副部長とで条約交渉促進を確認し、併せて尖閣についても手を打つとの方策が実際的なところではないか。東京の感触を知らせて欲しい」と尋ねて来た。

他方、同二七日に宇都宮徳馬議員が訪中し、廖承志会長と会談した際に、同会長は、「尖閣の周辺には中国の船は行かせません。近付けさせません」と述べたそうである、との電報が入った。後日さらに聞いたことであるが、その会談には岡崎嘉平太日中経済協会顧問および谷伍平北九州市長も同席されており、廖承志会長は、「国交正常化直後に、周恩来総理が中国船には尖閣諸島周辺に立ち寄らせないよう指示を出したのだ」と明かした由であった。

佐藤大使からは、二一日の堂之脇・王暁雲会談の結果を踏まえて、この事件を決着させ条約交渉を再開することについての見解を電報して来た。

しかし、外務省では、福田総理のご意向を踏まえて協議の結果、佐藤大使に韓念龍副部長と会談して頂くことが必要であるとして、会談の際の発言要領を詳しく電報した。

それとともに、有田次官の指示で、尖閣事件の完全決着を図るためには高いレベルでの確認が必要であるとの国内情勢を説明するため、筆者が業務連絡として北京に出張することが決まった。

そのため、五月一日に筆者は北京に飛び、佐藤大使に東京の情況について、自民党内の調整から尖閣事件発生まで、およびその後の国内の動き、処理方針の作成までの経緯を詳しく説明した。しかし、佐藤大使は、「国内の情況は理解するが、尖閣の領土にからむ問題を今回大使レベルできちっとした形で決着させようとすれば、中国側の立場もあるので対決情況を生む可能性があり、逆効果ではないか。大臣訪中の申し入れと同時にやるならば別であるが」と繰り返し強く主張されたので、筆者は、大使のご意見を再度東京に電報するようお願いした。

五月二日には、堂之脇公使、内田書記官とともに外交部アジア司の王暁雲次長、丁民日本処処長、徐敦信・王效賢同副処長を招き、昼食を共にしながら意見交換をした。同三日と四日には大使館の政治部、経済部などと事務打ち合わせをして同四日夜に帰国した。

筆者は、翌五日朝早く有田次官に先ず電話で報告したところ、有田次官は、「佐藤大使は心配し過ぎである。会談はそれほどギスギスした形ではなく、今後の友好関係維持と条約交渉を進めることに重点をおいて話し合うことにすれば論争になることもないであろう。その趣旨で韓念龍次官との会談を行って頂くのであり、現状では佐藤大使の会談は絶対に必要なのだ」と言われ、お叱りを受けた。

筆者は、直ぐ外務省に行き、大使館に事務連絡電報を打ち、佐藤大使に再考をお願いすると同時に、堂之脇公使にも長い連絡信を書いて再度事情を説明し、佐藤・韓会談を実現して頂くようお願いした。

さらに、翌六日に次官室で、有田次官および中江アジア局長とあらためて事件の最終処理方針を協議し、七日に総理のご了承を頂いて、八日訪米から帰国された園田大臣の決裁も頂き、佐藤大使への韓念龍副部長との会談についてのあらたな訓令を電報した。

北京への出張の際には、筆者は佐藤大使を説得し切れなかったため、佐藤大使のお考えを東京が十分理解しておいた方がよいと考えて、佐藤大使に電報を再度打って頂くようお願いしたのであった。これは、東京と出先との意思疎通がより十分に行われたという意味で有用な面があったと思う。例えば、安倍官房長官が佐藤大使の電報をご覧になってからは、発言をより慎重にされるようになったこともその表れであろうと思われた。

幸いにも、時を同じくして同八日に、中国側から大使館に対し、韓念龍副部長が佐藤大使と大陸棚問題についてお会いしたいとの連絡があり、一〇日に会談と決まった旨、大使館から報告電報が入った。それで、東京では、大使館とも相談し、既に電報で訓令済みである佐藤大使から中国側に対する発言要領をこの機会に実行して頂くことにした。

一〇日の会談では、先ず韓念龍副部長から、日韓大陸棚協定に対する中国政府の抗議を述べたのに対して、佐藤大使から、中国の権利を害さない方法で日韓共同開発を決めたものに過ぎないとの説明を行った。次いで佐藤大使より、日中関係について発言したいとして、日本側は日中友好関係の維持発展と条約交渉の再開を希望する旨および尖閣諸島問題については四月二一日の王暁雲次長の発言に留意する旨述べた。これに対し、韓念龍副部長は、釣魚島は中国の領土であるが、一九七二年の国交正常化の際もこの問題を取り上げず、七四年一一月自分が訪日した際にも、この問題は条約交渉では取り上げないことにした、など長々と中国側の立場と見解を述べた。

佐藤大使は、日本側は尖閣諸島が日本の領土であることは議論の余地がないと考えている旨反論されたが、結局両者ともそれ以上の論争はせず、対決を避けたうえで会談を終了した。会談では、大陸棚問題が挟まれたことで佐藤大使の心配は不要となり、同時に日本国内の波も沈静化させることが出来た。

四月三〇日に福田総理は訪米し、五月三日カーター大統領と日米首脳会談を行い、同大統領より「日本が中国と条約を締結すべく努力していることを評価しており、その成功を期待している」との発言を得た由であった。

また、五月二日に園田外務大臣はヴァンス国務長官と会談の際、同長官より「日本が中国と良好な関係を維持することは賢明であり、米国はそれを支持する」との発言を得た由であった。

実は、四月一四日、福田総理と米国のマンスフィールド駐日大使との昼食会の際にも、同大使は日中関係の進展を好意的に見ている様子であったと聞いた。

五月二日には、自民党内のＡＡ研グループから、条約交渉に関する一二項目の質問状が出され、それに対する回答案を中国課の担当官が忙しく作成した。また、有田次官が大平（正芳）幹事長を訪ねて条約問題の報告を行い、筆者もそれにお供した。なお、その際次官は筆者に、「先日のメモだが、議員には文字で書いたものは渡すべきではなく、口頭で説明するだけにすべきだよ」と教えて下さった。大平幹事長は筆者の顔を見ると、同じことをおっしゃった。

五月八日付の堂之脇公使から筆者宛の連絡信によれば、「四月二七日に廖承志会長が宇都宮議員に対し『中国は漁船を近寄らせないよう指示した』、『中日国交正常化の直後に周恩来総理が、中国船は尖閣諸島の周辺に立ち寄らないよう指示を出した』旨述べたと聞いたことを念頭に、ある宴会の席上、丁民処長に『中国漁船を近寄らせないという指示が出ているそうですね』と質問したところ、顔と目を微妙にさせながら『それは公式には申し上げていません』と応えた」とのことであった。

この例に見るように、中国側は、日中間で発生した機微な問題については、日本から訪中した国会議員などに対して中国側要人が中国側の見解や情報を流す、あるいはそれとなく伝える発言を行い、それにより日本政府の出方を見るという手法を用いる事例がしばしばあった。

それに対して日本政府は、正式な見解や伝えたい情報は外交チャネルを通じて直接きちんと伝えて欲しいと繰り返し要求するのであったが、中国側はなかなかそれを守らなかった。

その理由としては、立場や面子もあり正式には言えないが実はこういうこともあるよ、と非公式に日本側にメッセージを送る手段としている意図が多分あるのではないか、あるいは外交チャネルで発言する場合には、あらかじめ内部で書面の許可が要るのでそのような複雑な手続きを省略して、取りあえず上司の承諾を得るのみで発言するのではないかとも思われた。

結局この事件は、中国側の「漁船が漁労活動中に起した偶発事件であり、中央政府の関知しないもの」という説明を日本側が受ける形で収束したが、真の背景は不明のままで終った。それは、日中双方とも条約交渉を再開させることが喫緊の課題であると認識しており、事件の背景や領土問題自体を直ちに解決することが困難であるからには、これ以上ここで荒立てる必要はないと考えたからであった。

ただ、中国漁船が尖閣諸島の領有権を主張する横断幕を掲げたりしていた実態を見ると、中央政府の意向はなかったとしても、政府の日中条約推進の政策に反対する、あるいは政府の政策を十分に理解しない、地方の組織または軍内の一部が密かに扇動して事件を起した可能性は排除できず、国交正常化の際、政府に反対する国内の声も相当あったと聞く過去の例を想起すれば、今回もやはり類似の情況があったのかも知れないと思われた。

現に、その後の研究者の調査によれば、華国鋒派または軍系統の動きがあったとの有力な説も聞かれた。中国の内政情況や権力闘争が日中関係に影響を及ぼす例はしばしばある、との内外の学者や研究者の声はよく聞かれる。

# 第4章　条約交渉の再開

## 1　条約交渉再開の申し入れ

五月二一日に福田総理は、園田外相および安倍官房長官の三者で「日中双方が満足できる状態で条約を締結するため、早期に交渉を再開する」との基本方針を確認した。それに基づき同二二日の政府与党首脳会議、党五役会議、同二三日の閣議で政府の同方針が確認された。同二四日には外交調査会・外交部会合同会議が開かれ、小坂会長、江崎(真澄)会長より交渉再開に異議なしとの報告があったが、それまでには種々議論が重ねられ、ようやく了承が得られた。

この合同会議について、後刻聞いた話では、会議の最後に園田大臣が「交渉に当たっては党議を尊重する」と応えられたのに対し、天野光晴委員が「党議とは何か」と言い出したので再度多少の議論があり、結局「党における色々の御意見を踏まえて、重要な問題については党幹部に適宜相談して進めて行く」という意味である、と大臣が釈明されて落ち着いた由であった。

五月二六日には党総務会が開かれ、ここでも種々議論があり、「交渉に際しては、尖閣諸島が日本固有の領土であること、反覇権条項は第三国に対するものではないこと、中ソ同盟条約は無効であること、などを明確にすること」を条件とする総務会決議により交渉再開がようやく了承され、それで党内調整が終了した。

実は、米国のブレジンスキー大統領補佐官が、中国訪問からの帰途日本に立ち寄り、五月二四日園田外務大臣と会談を行い、日中関係に関する米国の考え方について次のように発言していたことを後日聞いた。

「日中関係が改善されることを歓迎し、それは米国が求める世界の姿を造り出すことに貢献するものと考える。米国の求める世界は、より多極化され、覇権に係わりなく、如何なる単一の国にも支配されない世界である」という、率直な興味深い発言であった。

外務省では、交渉再開の日程を検討した結果、先ず、中国側に交渉再開を申し入れること、その返事を待ってから佐藤大使には六月一二日か一三日頃一時帰国して頂くこと、総理の下で交渉方針を最終確認してから事務レベル交渉を六月一九日頃より開始すること、園田大臣の訪中は七月三日頃から数日間を予定すること、などの概略案を策定した。

それに基づき、五月二六日に交渉再開を申し入れる案文を決め、佐藤大使に対し中国側へ交渉再開を正式に申し入れるよう訓令した。

大使館では五月二七日(土)に佐藤大使と韓念龍副部長との会談を申し入れ、外交部からは五月二九日(月)に返事があり、会談は五月三一日(水)午後に行うことに決まった。

五月三一日北京で佐藤・韓念龍会談が行われ、佐藤大使より、「日本側としては六月一九日以降に交渉を再開したい。交渉は佐藤大使が団長となり行うことになると思う」旨の提案を行った。それに対し韓念龍副部長から、

「交渉は中断した覚えはないので交渉継続である。交渉継続の申し入れを歓迎し喜んで賛成する。具体的な時期や団長などは検討する」との返事があった(41)。

しかし、その後の中国側の返事はかなり遅れた。この頃、中国側はベトナムの華僑帰国問題で忙しく、また耿飈副総理のパキスタンおよびスリランカ訪問に韓念龍副部長が随行する予定があった等のことが後日に判明し、そのため返事が遅れたものと推測された。

その間の六月二日、廖承志会長は、訪中した新自由クラブ山口敏夫議員との会談の際、「交渉は再開ではなく、継続である」と発言し、同五日には、鄧小平副総理が坂本朝一NHK会長と会見し、「交渉は一秒で済む」との発言を再び行った旨報道された(42)。

また、六月七日付堂之脇公使から筆者への連絡信には、訪中した某議員からの話として、「中国側との会談の際、中国側が、覇権条項を入れるか否かが問題であった以前に比べれば現状は進歩している、と発言し、中国側も熱心になっているとの感じを受けた。また、保利議長が訪中を延期したのは、福田総理が本当の決断をしていないので、まだ時間がかかるとの判断によるものではないか、と中国側から質問があったので、総理の決意は本物であり、やる気がないなら尖閣の機会にやめることが出来た筈だ、一月から今日までかけて自民党の同意を取り付ける努力をしてきたことは認めるべきである、これは園田大臣の並々ならぬ努力の成果と言うべきかも知れない、と説明しておいた。さらに、中国側に対して、浜田(幸一)議員など条約反対派の人達も言うだけ言わせて貰えればよいと言っているし、彼らは権力志向型であるから、これ以上条約交渉を妨害することはないと思う旨説明しておいた」と書かれてあった。

外務省では、六月八日大臣室で、続いて次官室で新たな交渉方針の検討会が開かれ、交渉が再開された際に佐藤大使が冒頭に発言される日本の基本的外交政策および交渉に関する日本側の考え方を含む「冒頭見解表明要旨案」について関係局課長の出席の下に協議を行った(43)。

次官室の会議では、種々の重要点が協議されたが、その一つ中ソ友好同盟相互援助条約については、今回の交渉中に同条約問題には必ず触れるとしても、いきなり「冒頭見解表明」で触れるのが適当か、触れた場合に、例えば中国側がそれは中国と第三国との関係のことであるとして不快感を表明し、議論が交渉の本筋からはずれるなどのことにならないか、などについて見方が分れた。

筆者は、中国政府のこれまでの同条約に関する言動から判断すれば、中国側がこの問題の提起に不快感を示す恐れはなく、冒頭見解表明に含ませることで心配はないと見る旨主張した。有田次官も同意され、当初案どおり冒頭見解に含ませることになった。

六月一三日外交部から、翌一四日に王暁雲次長が堂之脇公使に会いたいとの連絡がようやく来た。一四日王暁雲次長は堂之脇公使に対し、先日の佐藤大使からの申し入れに対する正式回答であるとして、「交渉継続に同意する。交渉再開も交渉継続も実質は同じである。中国側交渉団は韓念龍団長、王暁雲アジア司副司長等。時期は韓念龍副部長の外国訪問のため七月上旬が適当と思う」旨述べるとともに、個人的希望として「交渉は今までのようなマラソン式ではなく、できるだけ早く解決したい」とも述べた。

六月一九日佐藤大使は、協議のため一時帰国した。他方、韓念龍副部長は、パキスタンへ行く途中で体調を崩し入院したとの報が入った。同二〇日次官室で関係幹部が出席し、佐藤大使の報告をお聞きし、協議を行った。

同二一日に、大臣室で大臣に対して佐藤大使の報告があり、それに基づいて協議を行い、さらに前日二〇日に中国課と条約課で共同起案した「条約交渉対処方針案」を討議して、同方針案を外務省案として決定した。その内容は、第一に、条文事項（反覇権条項、第三国関係、協議条項、有効期間、その他前文等）、第二に、政策事項（基本的外交政策、中ソ同盟条約、尖閣）を含むものであった。

なお、同二一日には、中国課が「大臣訪中準備検討事項案」を作成した。

同二二日には、総理官邸において佐藤大使が福田総理に対し報告を行い、同時に園田外務大臣、安倍官房長官、有田次官等同席の下に協議を行い、交渉方針を確定した。

一連の協議では、先ず交渉の日取りについて、総理と園田大臣が七月中旬にボンで開催される先進国サミットに出席するため本国を留守にするので、その前に交渉を終らせるとすれば、できる限り早めに交渉を開始すべきだということになった。その結果、直ちに大使館に訓令を送り、その日（二二日）の中に、堂之脇公使より中国側に対して七月三日の交渉再開を申し入れた。

六月二三日および二四日は、次官室で佐藤大使と本省関係者との間で、具体的な交渉事項につきさらに協議を行った後、佐藤大使は同二六日に北京へ帰任した。

中国は、同じ二六日に外交部声明を発表し、日韓大陸棚協定の批准書交換に対して抗議の意を表明した。なお、その頃、廖承志会長は広州で病気となり静養中とのことであった。

交渉の日取りについて中国側の返事を待ったが、六月二七日になり、丁民日本処処長より堂之脇公使へ電話で、韓念龍副部長の健康上の問題もあり、交渉開始は七月三日でなく一〇日ではどうかとの回答を伝えて来た。そのため、省内で直ちに協議した結果、日本側としては、サミットのため福田総理と園田大臣が本国不在となる期間をはずして、七月二一日から交渉を開始することにしたいとの提案を、中国側に二七日中に申し入れるよう大使館に電報した。中国側からは、同三〇日になって日本側提案に同意すると回答して来た(44)。

交渉開始の日取りがいよいよ七月二一日と決まり、交渉代表団出発の準備を始めた。先ず代表団出発の具体的な日取りを決めるに当たって、筆者は次官室に行き、有田次官に「代表団の出発の日取りについてのご相談ですが、それは迷信ではないかと叱られるかも知れませんが、暦を見ますと七月一九日が『大安』に当たりますので、縁起を担ぐようですが、この日出発では如何かと思うのですが」と進言したところ、有田次官は「いいではないか。では、その日に決めよう」と直ぐに同意して下さった。その時はホッとして、縁起のよい「大安」の提言が通ったことに安堵の念を持った。

なお、七月四日付堂之脇公使から筆者宛の連絡信には、ユーゴ大使館参事官から得た内報として、華国鋒主席は八月一五日より二一日までルーマニアを訪問し、その後ユーゴスラビアを訪問、その帰路にイラン訪問を行う日程が内定したとの情報が書かれてあった。その時点では日中交渉が始まってから妥結するまでどの程度の時日を要するかは全く不明であったが、後日交渉が煮詰まって来た園田大臣訪中の頃には、中国側が条約妥結を見込んでいる時期を推測するのにこれが役立った。

## 2　交渉代表団訪中と第一回佐藤・韓会談

七月一九日(水)の筆者のメモを見ると、朝四時五〇分起床、朝食をすませ、五時四五分に自宅を出発、と書いてある。中江要介アジア局長、斉藤邦彦条約課長、田島高志中国課長(筆者)、杉本信行中国課事務官、小原育夫中国課事務官の交渉代表団東京組の計五名は、成田空港を午前九時五分発ＪＬ７８１便で出発し、午後北京空港に到着した。

空港では、日本大使館員のほか中国側から王暁雲アジア司副司長、蔣福喬国際条法司処長等の出迎えを受けた。東京組一行は宿泊先の北京飯店に向かい、スーツケースなどの荷物を置いてから直ぐに大使館へ赴き、佐藤大使に挨拶をして、そこで若干の打ち合わせを行った。

その夜は、外交部第四二号賓館において韓念龍副部長主催の歓迎宴があった。

出席者は、先方からは韓念龍副部長、王暁雲アジア司副司長、蔣福喬国際条法司処長、丁民日本処処長等一〇名、日本側から佐藤大使、中江局長、伴公使、堂之脇公使、斉藤条約課長、田島中国課長(筆者)、内田書記官、斉藤(正樹)書記官、杉本事務官、小原事務官の一〇名であった。宴会終了後は大使公邸で再び若干の打ち合わせを行った。後日聞いたことであるが、韓念龍副部長は十二指腸潰瘍で入院中であったが、その日は初めての外出であった由である。

翌二〇日(木)は、午前中に交渉代表団全員で打ち合わせを行った。交渉中の各会談での佐藤団長の発言要領を、先ず斉藤課長または筆者が起案し、佐藤団長および他の団員のコメントを得てそれを加筆修正し、その中国語訳を小原事務官が作成し、それを筆者が確認することにした。そのような毎回の会談での佐藤団長の発言要領の起案作業が、その後毎日続いた。

同二〇日の午後は郊外へ散策に出かけた。夜は大使公邸で夕食後、佐藤大使、堂之脇公使、斉藤課長、それに筆者の四人でマージャンをして、リラックスした時間を過した。余談になるが、そのマージャンで、筆者が何と八連荘《パーレンチャン》という珍しい役満貫を達成したので、主管課長がこのような目出度いことを実現するとは縁起のよいことだ、条約交渉はきっと結実するぞ、などと皆で談笑し合った。実は、筆者は普段は下手であるのに、その夜は運が続き、十連荘まで勝ち続けた。

翌二一日(金)は、いよいよ交渉開始の第一日目であり、交渉場所である台基場頭条三号の外交部第三号賓館に日中双方の代表団全員が出席して、午後三時より交渉の会談が開始された(45)。

先ず、韓念龍副部長が歓迎の意と交渉の円満な成功のため日本側とともに努力したい旨を述べるとともに、これまでの交渉経緯の回顧、日中共同声明の意義、反覇権問題等についての見解を表明した。

その後休憩になり、中国式の揚げ物のつまみや餃子が出され、どれも皆美味であったので、われわれ一同は喜んで賞味した。

休憩後、佐藤大使より、中国側の温かい歓迎および会談準備の諸手配への謝意を述べ、続いて交渉に臨む日本側の基本的態度について詳しく発言した。

この発言は「冒頭見解表明要旨(46)」として、あらかじめ東京で周到に検討を重ねたうえ、佐藤大使のコメントも加えて準備されたものであり、骨子は次の四点であった。

1　日中両国およびアジアのために貢献できる条約の締結を念願する。

2　日米関係は日本の対外関係の基軸であり、いかなる国ともできる限り友好関係を発展させることが日本外交の基本政策である。日中両国それぞれの第三国との関係は相互に不干渉であり、相互に押し付けはしない。

日中条約は同盟条約ではなく特定の第三国を敵視するものではない。

3　日本の反覇権の立場は日中共同声明に述べられたとおりで不動である。

4　中ソ同盟条約は日本を敵視している条約であり日中条約とは矛盾するが、貴国の見解如何。

以上に対し、中国側は、本日の日本側の見解に対する中国側の考え方は次回に述べるが、中ソ同盟条約については、日本の指導者に対して中国の態度を明らかにする予定であると述べた。これは、中ソ同盟条約については、外務大臣訪中があれば、そこで中国の考え方を述べる意であると解された。[47]

最後に、次回会談は翌二二日午後三時からと合意された。中国側が午後を提案したのは、毎日午前中は韓念龍副部長の診察があるためとのことであった。

なお、毎回の佐藤・韓念龍会談の終了後は、佐藤団長ご自身が自ら判断された内容で記者会見をされることになった。しかし、初日七月二一日の会談後については、東京で準備した冒頭見解が会議での主な日本側発言内容であったため、記者会見での説明要領をあらかじめ筆者が起案し、それを佐藤団長および団員のコメントに従い修正してから佐藤団長は記者会見に臨まれた。

## 3　第二回から第五回までの佐藤・韓会談

### 第二回会談(48)

第二回会談は、七月二二日(土)午後三時より行われた。韓念龍副部長は、前日の日本側の冒頭発言について中国側の見解を述べたいとして、「中国側は、日本の対外関係は日米関係が第一であり、中日関係は第二のものと認識している。日米安保条約が必要であることも理解している。中日いずれも自主独立の外交政策をとっており、干渉や押し付けなどは問題になり得ない」、「ソ連は依然として日本の北方四島を不法占拠し、日本の正当な要求を拒絶している。……私達は日本政府および人民のこのような正義の闘争を一貫して断固支持している」などと述べ、日本の北方四島要求を支持する立場を明確に述べた。

そこで休憩となり、前日と同じように中国式のおやつが出され、この日はやはり美味な焼売であった。休憩後は日本側から新条約草案を提示して、佐藤大使より大要を説明した後、斉藤条約課長よりその内容を前文および各条ごとに詳しく説明した。

翌二三日(日)は休日であった。昼食は、堂之脇公使主催により、北京市内北海公園の中にある「仿膳」というレストランに中江局長以下本省側代表団員が招待されて、清朝時代に権勢を振るった西太后が食したと言われるメニューで、品数も多く珍しい料理を美味しく頂いた。この「仿膳」は、筆者が一九七三年から七五年まで大使館に勤務した時代にはまだ開かれていなかったレストランであり、筆者にとっては初めての珍しいメニューであった。また、この日の夜は、中国側より京劇への招待があった。

**第三回会談**(49)

第三回会談は、七月二四日(月)午後三時より行われ、先ず佐藤大使が、第二回会談における中国側発言に対する日本側の考え方について発言し、「日本の外交は、いずれの国とも友好関係を発展させるものであるが、それは等距離外交ではなく、当然ながら重点がある。日中ともに反覇権であることは、日中が共同行動をとらねばならないということではない。日本の対ソ政策は対決政策ではなく、是々非々をはっきりさせるコレクトな関係の維持をはかることである」旨説明した。

その後休憩に入ったが、この日も休憩時には春巻などの美味な中国式おやつが出されて楽しんだ。

休憩後は、韓念龍副部長より、前回二二日に日本側が提示した新条約草案につき、意見表明があった。その骨子は次のようなものであった。

「新草案の反覇権条項は、依然として中日共同声明の精神や実質を正確に反映していないので同意できない。交渉を進展させるため、先ず反覇権条項について集中的に討議したい。

反覇権条項は、中日関係の政治的基礎であり、国際情勢に関する現実的な意味があり、弱めてはならない。日本側草案第三条第一文にある『この条約は、特定の第三国に対して向けられたものではない』の主語は、共同声明の『国交正常化は』の代わりとして『平和友好関係を強固にし、発展させることは』とすべきである。

反覇権条項は、第三国に対していない面と、対している面とがある。誰にも向けられないというのは自家撞着であり、骨抜きである。『特定の』という語は必要ない。それは『節外生枝』[50]である。地域については、共同声明にある『アジア・太平洋地域』との表現を維持すべきである。『反対する』は共同声明で使っており、『反対である』と修正すべきではない。」

この発言に対し、日本側は、反覇権に関する第三条に努力を集中することに同意した。中国側は、日本側が新しい案文を提出するよう再度要望した。それは、中国側が以前に提出した中国側草案に必ずしも固執せず、交渉の進展に意欲を示すものと思われた。

**第四回会談**[51]

第四回会談は、七月二五日(火)午後三時より行われた。日本側より、前日の中国側の発言に対し、骨子次の点を述べた。

「二二日に韓副部長は『第三国の利益を損なうものではない』と言ったが、日本案はその点を明確にしたものである。両国の友好関係の発展が第三国に向けられたものではないことは自明の理であり、この条約そのものが、特定の第三国に向けられたものではないことを日本案は明確にしている。覇権反対と第三国に向けられたものではないこととは矛盾せず、自家撞着ではない。この条約があらかじめいずれかの第三国を特定して対抗するものではないことと反覇権とは矛盾しない。反覇権は、如何なる国の覇権にも反対するものであり、『特定の』第三国にだけではない。

また、世界の如何なる地域においても反覇権の立場は同じである。『反対である』は本来の思想であり、英語の『EACH IS OPPOSED』に相当する。日本草案は最善のものである。さらに他の条項も並行して非公式に審議したい。」

その後休憩となり、やはり焼き餃子その他なかなか美味なおやつが出された。

休憩後、韓副部長は、「双方の距離はまだ大きい。他の条項は、反覇権条項の目途がついてからにしたい」と述べ、「二六日は先約の外交活動があるので休会としたい」と提案し、日本側が同意して、次回は二七日(木)とした。

二六日(水)は、夜に中国側の招待で『紅楼夢』の映画を観賞した。

**第五回会談**(52)

第五回会談は、七月二七日(木)午後三時から行われた。

先ず韓副部長より、第三国との関係について、「(1)第三国の利益を損なうものではない、(2)反覇権は覇権を求めようとする第三国に対するものである、(3)条約締結は第三国から攪乱されるべきではない」との見解の発言があり、「これらの点に、日本側の理解をまだ得ていない。『特定の第三国』とはソ連のことであり、同意できない。他人を脅し、自らの意思を強引に他人に押し付けているのが誰かは明白である。反覇権は虚構ではなく、中国は現実の脅威に直面しており、日本も現実の脅威がどこから来るかに幻想を抱いてはいないと言った」と述べた。

また、「中国は、自国の観点を日本に無理に受け入れるよう勧める積りはない。共同行動や軍事同盟は論外である。しかし、共同声明の精神と原則は後退できない。『この条約』と『特定の第三国』の表現には同意できない」と述べ、続けて「反覇権は実質的な問題であり、真剣に再検討を願う。日本側とは共通点も少なくない。『小異を残して大同を求める』ことで新案文の提出を希望する」と述べた。

休憩後、佐藤大使より、「反覇権と、この条約があらかじめ第三国を特定してそれと対決することとは、同じではない。この条約は、子々孫々まで伝えられるべき日中両国間の平和友好関係を謳うもので、ソ連のみに当てはまるものではない」と反論した。

これに対し韓副部長は、これまでの交渉経緯を振り返りつつ、「自分の副部長在任中に交渉を仕上げたい。条約は双方満足の行くものにすべきであり、故意に難題を押し付ける積りはない。条理にかなうものには同意する。再度検討を希望する」旨述べた。

佐藤大使より、「条約は、実際の関係を紙に表すものであり、お互いの了解の上に初めて出来上がる。これ以上対立を続けることは知恵のないことであるから非公式会談を提案したい。条文の解釈と含意について誤解があり、意見の相異は実質ではなく表現の問題だと思う」と述べたところ、韓副部長は「友情と政治的見地から問題を処理すべきである」として「三つの世界論」を説明し、「日本の政治家の検討に俟たねばならない」と述べたので、佐藤大使より「中国は政治レベルの会談を希望しているのか」と問うたところ、韓副部長は否定したため、佐藤大使は「少人数会談」を示唆し、次回相談することになった。

## 4　第六回から第八回までの佐藤・韓会談

## 第六回会談(53)

七月二八日(金)は、残っていた筆者のメモを見ると、朝八時二〇分起床、朝食をとり、九時三五分ホテルを出て大使館に行き、そこで一〇時四五分より一時間ほど交渉についての打ち合わせを行い、一二時半に皆で「同和居」という老舗の料理店に行き昼食を済ませた、と書いてある。「同和居」は、草魚のスープが美味しく、緑豆の粉で造った「三不粘《サンプーチャン》」という名のデザートが有名である。昼食後、大使館に戻り、書類を取って会談の行われる賓館へ皆と一緒に向かった。

第六回会談は、その日午後三時より少人数で行われた。当方は佐藤大使と中江局長と通訳、先方は韓副部長と王暁雲次長と通訳。佐藤大使より、前日の夜に斉藤条約課長が整理して起案し、皆で検討して準備したペーパーに基づいて、これまでの会談における次の合意点を説明した(54)。

1 この条約は同盟条約ではなく、第三国の利益を害するものではない。

2 日本も中国も覇権を求めない。

3 覇権を求めようと試みる国があれば、それが誰であれ反対の立場をとる。

4 この条約は、ソ連を名指すものではない。

5 日本は中国の対ソ政策を承知しており、中国は日本の対ソ政策を承知しているが、お互いに干渉はしない。

続けて佐藤大使が、「問題は何を如何に表現するかしないかである」と述べつつ、中国側は、日本側が「この条約はソ連に向けられたものではない」と言おうとしている、と解しているが、それこそが日本の考えと異なる点である、と指摘した。さらに、「現在の国際情勢に対する認識だけから条約を作るのではなく、将来のことも考えて反覇権条項を入れておいた方がよいと思うが、ソ連だけに限らぬ方がよいと考える」旨重ねて説明した。

その後休憩となり、しばらくの後再開してから、韓副部長より、「問題は実質的なものである。『特定の』は英語で『SPECIFIC』となり、やはりソ連を指すことになる」と反論があった。

佐藤大使は、「日中間には実質上の考え方の相異はないことがはっきりしたので、表現は東京に報告して考えてもらうが、中国側も考えて欲しい」と述べた。すると韓副部長は、「第三条第一項を削除する案もあり得る」と述べたので、佐藤大使より「賛成はできないが東京に取り次ぐ」と応えた。

中江局長より「交渉促進のため、他の条項についても交渉したい」と述べたが、先方は同意しなかった。

なお、その夜東京からは、第三国条項を削除することはできないが、新たに第五条を設けるなど、独立条項にしても差し支えない旨電報してきた。

二九日(土)は休会となり、その夜には、会談会場である第三号賓館で、黄華外交部長主催による日本側代表団一行を招待しての晩餐会があった。

三〇日(日)には、中江局長以下われわれ東京組は、北京西郊の「香山」とその中腹にある「碧雲寺」へ散策に出かけた。途中に「孫文記念館」があり、孫文の遺品や記念品が展示されていた。

**第七回会談**(55)

七月三一日(月)午後三時より、第七回会談が行われた。場所と出席者は、第一回会談と同じであった。

佐藤大使より、「問題の焦点は第三条第一文『この条約は、特定の第三国に対して向けられたものではない』

であり、これは韓副部長も第二回会談で理解を示された『敵対する国を除きいかなる国ともできる限り友好関係を維持する』との日本の外交姿勢から来るものであり、この思想を条約のどこかに入れる必要がある。従って前回貴副部長提案の第三国条項の削除には同意できない。日本側は条約締結のため努力してきたのであり、中国側の示唆を得たい。また他の条項も討議したい」旨重ねて強調した。

韓副部長は、これまでの討議から整理した共通点として、次の五点を挙げた。

1　中日双方は……平和友好関係を強固にし、発展させることにより第三国の利益を損なう積りはない。

2　双方は覇権を求めず、如何なる第三国の覇権に対しても反対する。……

3　双方ともすべての国と親善友好関係を発展させる願望を持つ。

4　双方とも独立自主の外交を持ち、相手の内政に干渉しない。

5　双方は現実的脅威の存在を感じている。ただし、それは中国または日本からではない。

韓副部長は続いて、「双方にはまだ食い違いがあり、例えば日本側の挙げた五点のうちの第四点『この条約は、ソ連を名指すものではない』はソ連の国名は共同声明にも条約にも出てこないので話にならない。日本側の実行可能な新しい提案を期待する」と述べた。

その後休憩に入り、しばらくして再開の後、韓副部長が「日本側に具体的な考えがあるか」と問うたので、佐藤大使より「日本側のいう条約に入れるべき点は、日本の外交政策ではなく外交姿勢である」と説明した。

韓副部長は「入れるならば、中日双方のものを入れなければならない」と述べ、「姿勢」の英語を尋ねたので、佐藤大使は「POSTURE」であろうと応えた。

さらに議論を重ねた後、韓副部長より、「日本側が『この条約は』の表現を是非使いたいのであれば、反覇権条項の後すなわち第三条の第二文に持ってきて『この条約は覇権を求めない第三国に対し向けられたものではない』と改めてはどうか」と提案して来た。

佐藤大使より、発言を感謝し、「これは重大な提案であるから十分検討する」旨述べて、さらに他の条項についての意見を重ねて問うたところ、韓念龍副部長は「日本案の第三条第一文は条約のどこにおいても同意できない」と述べるに留まり、会談を終えた。

この日の夜、代表団の間で検討した結果、先方に提示する対案として、第一案「この条約は、いずれかの第三国に対して向けられたものではない」、第二案「この条約は、第三国の利益を害するものではない」、以上の二案を考え、東京に検討を要請した。

東京からは、第一案は提案して差し支えないが、第二案は問題点があり、今回は提案すべきではないが、別に「この条約は各締約国と(いずれかの)第三国との関係に(いかなる)影響を(も)及ぼすものと解してはならない」という案を検討中である、との返事があった。

### 第八回会談(56)

第八回会談は、八月一日(火)午後三時より行われた。佐藤大使より、「昨日の中国側の新提案は同意できないが、日中双方の認識はいまやほぼ一致している。ソ連を名指していないのは事実である。覇権を求める国があったとしてもこの条約自体が全体としてその国に対して向けられたものにはならない。『この条約は』というときには、この条約全体がいずれかの国を敵視してその利益を害するものではないことをはっきり言う必要がある。交渉促進のため日本側は新しく『この条約は、いずれかの第三国に対して向けられたものではない』を提案したい。これは日中双方とも考えているものであり、『特定の第三国』という言葉も避けたものである。場所は第三条でなくてもよいので是非同意して欲しい」旨発言した。

その後休憩に入り、一時間以上経てようやく再開となり、韓副部長は、「日本側の新提案文については次回に回答する。昨日の中国側新提案は日本側の同意を得なかった。もともとの案文がやはり理想的である。大局的に政治的に考えるべきである」と述べ、会談を終えた。

この日の夜は、佐藤大使主催により、大使公邸で中国側代表団を招待しての晩餐会が開催された。

## 5　第九回および第一〇回佐藤・韓会談

**第九回会談**(57)

第九回会談は、八月二日(水)午後三時半より行われた。

韓副部長より、「昨日の日本側提案の新文案を真剣に検討したが、『特定の』を『いずれかの』という同義語に置き換えたに過ぎず断じて考慮できない。いまや交渉は鍵となる時期にあり、早期妥結のため建設的な提案を行いたい」として、以下の提案があった。

「『両締約国が、この条約に基づいて平和友好関係を強固にし発展させることは、第三国に対するものではない』を第一文とする。その代わり、第一条の『この条約は、両締約国間の平和友好関係を強固にし、発展させることを目的とする』を削除する。最大の譲歩をした。真心を込めて理解と同意を希望する。」

その後休憩に入り、しばらくの後再開し、佐藤大使より、「昨日の日本側新提案が同意されなかったことは残念であるが、先ほど中国側から新提案が示された。この積極的で建設的な態度を評価する。十分検討して明日回答する。いまや政治的決断を求める重要な段階に入ったと思う」旨述べ、会談を終えた。

その日の夜、佐藤大使は、「いまや日本側は最終的な落しどころを決めて、園田大臣のご出馬を得て首脳間の直接談判を必要とする段階に至ったと考えられる」との趣旨の電報を東京に打った。

## 第一〇回会談[58]

第一〇回会談は、八月三日(木)午後三時三五分より行われた。

佐藤大使より、「前日の中国側提案について、同案は一九七五年の中国側条約案第二条第一文と同じであり、受け入れられない。日本側提出の『いずれかの』に反対であるならば、新しい表現を考えて欲しい。また、条約の目的を条約の冒頭におくことは自然であり、公明正大であり、共同声明と同じ文言でもある」旨発言した。

そこで休憩となり、しばらくして再開の後、韓副部長は、「中国は最大の譲歩を行ったのであり、誠心誠意早期締結を希望するが原則は妥協しない。中国案は慎重に検討したものであり、再度検討を希望する」旨長々と強い語調で発言した。

それに対し佐藤大使より、「われわれがなすべきことは、静かに双方が満足できる点を誠意を持って探し出すことであると思う」旨述べ、会談を終えた。

この日の会談終了後、東京から電報があり、日本側が八月一日の第八回会談で示した提案に次ぐ新提案として、「この条約は、第三国との関係に関する各締約国の立場に影響を及ぼすものと解してはならない」を新第五条案として提示するよう指示して来た。

さらに、有田次官より佐藤大使に対し、福田総理は、事務レベルで第三国条項の決着ないし決着の見通しをつけたいご意向であり、引き続き折衝を重ねたうえで大臣訪中を考えられる模様である旨を伝えて来た。

## 6 第一一回および第一二回佐藤・韓会談と箱根協議

### 第一一回会談(59)

第一一回会談は、八月四日(金)午後三時半より行われた。佐藤大使より、「昨日韓副部長は、日本案はソ連に屈服したものとの趣旨を言われたが、そのようなことはないと明言する。早期締結の希望は日本も同じであり、政治的大局的見地から、第三条第一文を『この条約は、第三国との関係に関する各締約国の立場に影響を及ぼすものと解してはならない』として、それを第五条とする新提案を行う」旨発言した。

さらに、「これは、双方がそれぞれの独自の外交政策に干渉しないこと、この条約によりそれぞれの基本的外交方針は影響されないことを明確にしたものである」旨を説明し、中国側の同意を求めた。

その後休憩となり、しばらくして再開後、韓念龍副部長より、「日本側の新提案を検討するが、日本側が一昨日の中国案を引き続き検討するよう希望する。次回会談は翌日連絡する」旨述べた。

最後に佐藤大使から、「明五日に中江局長を報告のため帰国させる予定であるが、会談は引き続き行いたい」旨伝え、韓念龍副部長は「賛成である」と応えて会談を終えた。

この日の朝東京から、中江局長を帰国させるようにとの指示があった。その後、「大臣訪中は、大臣および総理が中江局長の報告を受けられた後の八日または九日になる見込み」との連絡があった。

この日の夜は大使公邸で、中江局長帰国に際して、大臣および総理への報告の仕方について打ち合わせを行った。

五日早朝、中江局長は中国民航で出発した。

**第一二回会談(60)**

第一二回会談は、八月五日(土)午後三時半より行われた。韓副部長より、「昨日の日本側の新提案は、少なからぬ問題を含み、良い案文とは考えない。『解してはならない』との言い方は取り上げられない。双方の不干渉は、平和共存五原則に含まれている点であり、日本案はソ連の思惑に気兼ねしている要素が含まれていて、解釈的で弁解的であり、適切ではない」など長々と新提案に対する反対の意を述べたうえ、「二日の中国案が双方受け入れ可能であり、再検討を希望する」旨述べた。

ここで佐藤大使は休憩を提案し、約四〇分休憩して会談再開の後、佐藤大使より、「日本側の昨日の提案は十分検討のうえ作り上げたものであり、中国側には再度検討を願いたい」旨を述べた。

それに対し韓副部長は、第三国条項以外にも多くの問題があり、引き続き話をしたいと述べたので、佐藤大使が同意したところ、先方は「日本案は『反対する』を『反対である』と弱めており、同意できない。さらに日本案には『又は他のいずれの地域においても……』が加えられており、この点は考慮して譲歩できるが、『反対である』は駄目である」と述べた。

佐藤大使より、「『反対である』の中国語は変えていない。地域について言えば、反覇権は、世界全体に対しても適用されるべきと考える」旨反論した。

それに対し韓副部長は、「地域の問題は譲歩しても構わないが、『反対である』は語調の強弱に違いがあり同意できない。『反対する』に同意するならば、地域の点は日本案に同意する」と述べた。

佐藤大使より「二つの点は性質の違う問題であるから、絡めるべきではない」旨を述べたところ、韓副部長は「地域は譲歩可能であるが『反対する』は譲歩できない」旨述べたので、佐藤大使より「中国側の考えは東京に報告する」と述べて会談を終えた。

この八月五日には、共同通信の遠藤(勝巳)編集局次長が訪中し、張香山中日友好協会副会長と会談した。ところが、そこで張香山副会長は、条約交渉の内容に触れ、中国側提案の第三国条項案の内容を明かし、交渉は政治的解決の段階に来ており、日本側は大局的立場から決断をすべきであると発言した、との驚くべき話が伝えられ、大使館より大至急本省に報告した。

日本では張香山発言が各紙で大きなニュースとして報道された(61)。

東京では、八月六日(日)に箱根で、福田総理を囲み、園田大臣、有田次官、高島外務審議官、中江局長が参加して協議が行われた。それには安倍官房長官と森（喜朗）官房副長官も同席した由であった。その協議の結果、交渉の最終段階に臨むため、八日の外務大臣訪中が決まった。

北京では、大臣訪中が正式に決まった場合の事務的な諸々の準備について、既に六日午前中から伴公使を中心に関係館員の間で下打ち合わせが行われていた。

六日夜、われわれ代表団が箱根会談の結果の連絡を待っていたところへ、外務省アジア局三宅和助次長から筆者に電話があり、大臣訪中が決まったので、新聞発表の時間の問題もあり、至急中国側の同意を取り付けて欲しいとのことであった。

直ちに、大使館より中国外交部に申し入れを行い、その後間もなく外交部から「黄華外交部長は園田外務大臣の八月八日の来訪を歓迎する。この件は外部に発表しても異存はない」との回答があった。中国側の回答は、日曜日の夜であったにも拘らず非常に迅速であった。

次いで東京からは、箱根会談での実質問題についての協議の結果として、「今後とも北京での会談を続けること。次の会談では、(1)張香山のリークに厳重抗議し、洩れた中国案は受け入れられないことを伝える。(2)日本側の新提案として『この条約は、第三国との関係に関する各締約国の立場に影響を及ぼすものではない』または『この条約は、第三国との関係に関する各締約国の立場を害するものではない』の二案を提示する。(3)『反対である』の表現は維持する」との訓令が来た。(62)

## 7　第一三回および第一四回佐藤・韓会談

第一三回会談は、八月七日(月)午後四時より少人数会談として行われた。先方は、韓念龍副部長、王暁雲次長および通訳、日本側は佐藤大使、筆者、通訳の三名であった。筆者は、本省の主管課長であり、また本省側代表団員代表として参加した。

### 第一三回会談(63)

会談では、先ず佐藤大使より、園田外務大臣の突然の訪中申し入れに対する即刻の手配に謝意を表した。続いて、大臣訪中前にできるだけ交渉を詰めたいと述べ、先日提示した日本案は、韓副部長が良い案ではないと述べたので、その表現を修正した案文を提示したいとして、東京から指示された「この条約は、第三国との関係に関する各締約国の立場に影響を及ぼすものではない」と「この条約は、第三国との関係に関する各締約国の立場を害するものではない」の二案の検討を求めた。

同時に、先日張香山副会長が条約問題をめぐり中国案を部外に洩らしたので、日本はそれを取り上げることはできなくなった旨述べた。

それに対して、韓副部長は、日本側の新提案を検討する旨、また張香山は役人でも外交官でもないが、日本側の客人が条約問題に触れたので中央放送事業局長として知らないとも言えない、秘密を守れない例はむしろ日本側の方に多い旨反論し、会談を終えた。

この七日夜に、東京から電報があり、中国側が日本側提示の案文にあくまで反対した場合の「落しどころ」の最終妥協案として、さらに四案を作成し、八日午前中に総理の了承を得るべく努力中である、と連絡して来た。その四案は次のとおりであった。

（ⅰ）この条約は、各締約国と第三国との関係に関する各締約国の立場に影響を及ぼすものではない。（第一条を維持する前提。維持できない場合前文を修正）

（ⅱ）この条約は、両締約国間の平和友好関係を強固にし、発展させるためのものであって、第三国に敵対するためのものではない。（第一条をこのように修正し、第三条第一文を削除する）

（ⅲ）両締約国がこの条約を締結し及び平和友好関係を強固にし、発展させることは、第三国に対して向けられたものではない。（第一条を維持する前提。維持できない場合前文を修正）

（ⅳ）両締約国は、この条約を締結して平和友好関係を強固にし、発展させることにより、第三国の利益を害する意図を有しない。（第一条を維持する前提。維持できない場合前文を修正）

次いで八日午後、総理の了承を得たものとして上記の四案のうちの第三案と第四案の修正案を伝えて来た。その修正案は、次のとおりであった。

（ⅲ）両締約国がこの条約を締結すること及び平和友好関係を強固にし、発展させることは、第三国に対して向けられたものではない。

（ⅳ）両締約国は、この条約を締結すること及び平和友好関係を強固にし、発展させることにより、第三国の利益を害する意図を有するものではない。

以上のようであったが、佐藤大使は、いざという場合には、どれかの案を提示せざるを得ないかも知れない、と考えておられた。代表団員の間で検討したが、これら四案の優先順位が必ずしも明確ではなかったこともあり、特に結論は出せないまま第一四回会談に臨むことになった。

## 第一四回会談(64)

第一四回会談は、八月八日(火)午後三時より、第一三回と同じく少人数会談として行われた。先ず、佐藤大使より、前日提示した日本案二案に対する意見を求めたところ、韓念龍副部長は、「前日の日本案については検討中であり、話すことはない」と応えただけであった。

次いで、佐藤大使より、「自分としては韓副部長が中国側の八月二日の提案をさらに検討して欲しいと度々述べていたことを考慮し、本国と相談し検討した結果、その中国案を基礎にして、さらに七月三一日第七回会談で貴副部長が双方の共通点として挙げた五点の中の第一点『中日双方は、平和友好条約を締結し、両国間の平和友好関係を強固にし、発展させることにより第三国の利益を損なう積りはない』という文言と同じ表現を入れ、若干の修正を加えて、『両締約国は、この条約を締結すること及び平和友好関係を強固にし、発展させることにより、第三国の利益を害する意図を有するものではない』との案文を考えた。この案文を十分検討して頂きたい。ただし第一条は残すとの条件がある」と述べた。

韓副部長は、「七月三一日に自分が述べた点は、それまで双方が表明した考え方を中国側がまとめた案である。われわれは、ただ今お聞きした案を検討する。まだ最後の段階ではない」と応えた。

次いで、佐藤大使より、「明日からは政治会談になると思うので、これは自分としての最後の努力を払ったものであるから、十分検討して欲しい」旨述べた。先方は、「大使自身の最後の努力と言われたのか。結構である。われわれは十分検討する」と述べ、会談を終えた。

佐藤大使がこの日提示した案文は、中国側が、前日の日本側提示の二つの案文のいずれにも同意しない場合の、最後の落しどころである四案中、ようやく総理の了承を頂いた第三案と第四案の各修正案として当日午後届いた二案のうちの後の方、すなわち第四案であった。

筆者は、佐藤大使がその案文を中国側に提示されたとき、「あれ？　前日提出の二案に対する中国側の回答がないうちに、しかも落しどころとしての最終四案ないし、そのうち総理の了承を得た最終二案について、東京の考える優先度が必ずしも明確ではないまま、最後の第四案を提示してしまってよいのかな」と一瞬思った。

しかし、よく考えてみると、本省からは前日の電報で、「総理は、なるべく事務レベルで第三条を詰めてしまうことが望ましいというお考えであり、箱根では園田大臣ご自身も、『外務大臣が行ってまとめた、という格好にはいろいろ問題があるようであり、自分としては、あくまでも佐藤・韓念龍でうまくまとめた、外務大臣は訪中して側面的に交渉を促進することに貢献した、という姿にしたい』との趣旨を述べられ、それに対し総理も、『それが一番よい』と言われ、大臣の考えを支持された経緯がある」と伝えて来ていた。

そのため、佐藤大使としては、非常に重い責任感と必死の決意を抱いて、大臣が到着される前に何とか案文をまとめなければならないと判断された結果であろう、と筆者は理解した。

# 第5章　園田外務大臣訪中と交渉妥結調印

## 1　園田外務大臣の訪中

八月八日(火)夕刻、園田大臣一行は北京に無事到着した。大雨が降ってはいたが、一行を出迎えた黄華外交部長は、「客人の来訪時に雨が降るのは、歓迎の意を表すものであり、良い前兆の意味があります」と述べ、さすがに中国には社交上手な言い習わしがあるなと感心させられた。

一行は、数台の車に分乗して、空港から宿舎の迎賓館へ向かった。筆者は中江局長の車に同乗したが、中江局長は、車に乗るや直ぐに、「佐藤大使は前日七日に日本側が提示した案文への中国側回答がないままに、今日の会談で何故最後の案文を中国側へ提示してしまったのか」と強い不満を述べられ、本国に対し釈明する電報を直ぐ起案せよ、と筆者に指示された。

一行は、迎賓館に到着後、内輪の夕食と打ち合わせのため、直ぐに大使公邸へ向かった。

筆者は、中江局長から指示された電報案を大至急起案して、中江局長に見て頂き、高島外務審議官と大森条約局長のサインも得た。

そして、夕食後に行われた一行との打ち合わせ会の場で、佐藤大使にその電報案をご覧頂いた。それを一読された佐藤大使は、「このような電報を何故出す必要があるのか。最後の案文の中国側への提示は自分の責任で行ったものであり釈明の必要などは全くない。書くなら君が勝手に自分の名前で書け」と、中江局長に向け電報案を投げ返して激怒された。

日中平和友好条約交渉については、後日多くの研究書や関係書が出版されており、その中には、この第一四回会談で佐藤大使が最終案を提示されたことに対して、園田大臣が激怒されたと記述しているものもある。しかし、園田大臣は、佐藤大使の最終案提示に対して、多分驚かれたとは思われるが、激怒されたという様子は筆者には全く見られなかった。

園田大臣は、ご自身の政治的外交的信条から、条約交渉が円満に妥結することに強い関心と熱意を持っておられたのであって、具体的な案文交渉については佐藤大使を信頼し、既述した本省からの電報に見られるように、佐藤大使に任せるという考え方をしておられたものと思われる。従って、大臣が佐藤大使に不満や不快感を持たれること、まして激怒されることなどはなかったのではないかと筆者は考える。

しかし、本省側の高島外務審議官、中江アジア局長および大森条約局長としては、東京において、落しどころの案文についての福田総理、園田外務大臣および安倍官房長官を交えての検討会議に直接参加して、微妙な検討経緯を熟知していたが故に、七日の第一三回会談で日本側が提示した最も望ましい案文に対する中国側の回答を未だ得ないうちに、佐藤大使が他の条文案を、大臣や総理の確認を得ないまま、最後の案として中国側に提示してしまったことに対し、多分強い驚きと困惑の念を持たれたのであろうと思われた。

他方、佐藤大使としては、本国で福田総理が、自民党内で園田大臣に対する不信感が強い事情を考慮して、「案文交渉はできる限り事務レベルで解決し、園田大臣には大所高所の政治会談を行ってもらうべし」と考えておられること、園田大臣もそのように受け止めておられること等、有田次官から知らされた情況を念頭において苦渋の思考をされた結果、大臣の到着前に自らの責任で案文交渉を済ませておくべき情況に自分は追い込まれている、との切羽詰まった思いと責任感に基づく覚悟を持たれて、新たな条文案を提示されたのであったと考えられた。

しかも、後日佐藤大使がもらされた感想によると、八月七日日本側が提案した二案は、両方とも条約用語で「ディスクレーマー(免責条項)」と称する性格を持つものであり、条約締結による効果を無にするものと解されるので、おそらく中国側は同意して来ないであろうと考えておられたようでもある。

そのため、条約を妥結に持って行くためには、事務レベル会談の最後の機会となる第一四回会談を逃せば、総理の了承も得たと東京から伝えて来た「落しどころ」四案の中の一つを事務レベルで提示する機会がなくなる、それでは自分が十分責任を果したとは言えなくなる、と判断されて、その四案の中で中国側が最も同意し易い案と見られる第四案を提示したものとも解された。

従って、佐藤大使から特におっしゃることはなかったが、あえて憶測すれば、自分が責任を果すべく行った決断と行為に対して、総理や大臣から理解ないし評価をされこそすれ、自分が釈明するなど筋違いも甚だしいとの思いから、本省幹部の提起した釈明電報の提起に激怒されたのであろうと思われた。

現に、斉藤条約課長が、大森条約局長に代わり本省の条約局での任務を果すため園田大臣の北京到着直後に帰国した際、有田次官にそれまでの交渉経緯を報告したが、次官は佐藤大使の最終案提示は当然のことであったと言われた由であった。

## 2　第一回園田・黄華外相会談(65)

八月九日(水)園田外務大臣と黄華外交部長との会談が、午前と午後の二回にわたり行われたが、双方の発言の全体は外務省の公表資料に発表されているので、交渉中の各回の佐藤・韓念龍会談について既述したように、詳細は避けて、双方の率直で真剣な、かつ妥結への熱意に満ちた主要発言の要旨のみをここに記しておきたい。

そこで、特に注目されたのは、黄華部長が覇権条項の決着をつけるべく、園田大臣に対し覇権条項についての見解を繰り返し求めたが、園田大臣は、あくまでも政治的観点からの見解の開陳に終始し、覇権条項という具体的な案文問題に入ることは避け、佐藤・韓念龍会談に委ねる態度を示し続けた点である。

第一回会談は、八月九日午前九時半より一二時二〇分まで、人民大会堂において行われた。日本側は、園田大臣、佐藤大使、高島外務審議官、中江アジア局長、大森条約局長、堂之脇公使、田島中国課長(筆者)、佐藤(行雄)大臣秘書官、東郷(和彦)条約課首席事務官、杉本事務官(記録係)、小原事務官(通訳)が出席し、中国側は、黄華部長、韓念龍副部長、符浩駐日大使、沈平アジア司長、王暁雲同副司長、高建中礼賓司副司長、沈韋良国際条法司副司長、丁民日本処処長、王效賢同副処長(通訳)、徐敦信同副処長が出席した。

先ず、黄華部長より、「園田大臣およびご一行を心から歓迎する。これまでに中日関係の発展と条約交渉に一定の進展があった。園田大臣の訪中に敬意を表する」との趣旨の発言があった。

それに応えて、園田大臣より、「中国側の歓迎に謝意を表する。韓念龍副部長の病を押しての交渉への努力に敬意を表する。これまでの交渉の成果に満足しており、交渉を早く妥結させるため率直に関係する話を進めて行きたい」旨述べた。

続いて、黄華部長は、「先ず、覇権条項について話を進めたい」と述べたので、園田大臣は、「それに付随した問題についても話したい」として、米中関係、日ソ関係、日越関係、日本・カンボジア関係等について見解を述べ、「これは日本の反覇権闘争である。日本の憲法第九条は反覇権の最高の表現である。単に一国のみを覇権と決め付けることは、日本国民が受け入れない。日本国民が納得する雰囲気で締結したい」旨の発言を行った。

そこで休憩となり、会談の再開後、黄華部長は、「率直な会談を賞賛する」と述べ、「覇権主義は中国、日本、世界を脅かしており、特にソ連社会帝国主義は覇権主義を進めている。両国人民の利益を守るために、早く条約を締結すべきである」旨発言した。

それに対し、園田大臣は、「自分は、最近の訪ソの際に、日中条約は必ず近いうちに締結する、中ソ同盟条約に日本が両国の敵国と書いてあることは見逃せないと述べたが、ソ連側から反応はなかった。アジアは一つではなく、国の大小、強弱、歴史、宗教、政治形態がそれぞれ違う。お互いの違いを理解し、尊重し、真意を理解すれば、双方の好むように妥結できる。妥結が遅れるならば、私も貴部長も世界の笑いものとなろう。早期妥結の決意の下に佐藤・韓念龍会談を続行せしめたい」旨発言した。

これに対し、黄華部長は、「中日双方とも、締結を遅らせることは望んでいない。中ソ同盟条約については、中国政府の指導者が貴大臣と会談する際に、有名無実であるとの見解を、明確に示すであろう」と述べた。

ここでは、黄華部長が、中ソ同盟条約に関して、最高指導者である鄧小平副総理が直接園田大臣に対して中国側の見解を述べる旨を示唆した点が注目された。

さらに、黄華部長より、「反覇権条項についての日本政府の見解を求めたい」と述べたので、園田大臣より、「自分は佐藤・韓念龍会談を進捗させること、その上で条約に調印することの二つの目的で訪中した」と述べ、「案文交渉は、自分の訪中目的ではない」旨を明言した。

続けて、園田大臣は、「日本国民は、覇権行為には誰であれ反対であるが、反対の仕方は立場により異なる。中ソ対立には絶対に巻き込まれない。アジアの国は、中国が、相手の立場をどのように尊重してこの条約を締結するかに関心を有している。中国は、おりおり日本の総理はけしからんと批判する。日本国民は、中国が本当に内政不干渉なのか不安を持っている。中国は、成田空港反対闘争の委員長を招待し歓迎、激励している。中国が強くなったら脅威を受けないかと不安を感じている。アセアンや日本国民の不安を一掃し、中国が未来永劫の日本の友人となるようなものをまとめたい。日本国民を納得させ、喜ばせ、中国、日本、アセアン、米国、世界各国が喜び、納得する条約を結ぶようにして欲しい」旨発言した。

これは、中国が日本に自国の考えを押し付けようとしているのか否かを世界は見ているぞ、という率直な警告の発言であった。そこで、黄部長は休憩を提案したので、園田大臣より、「佐藤・韓念龍会談を早くやって頂きたい」と述べたところ、黄部長は、「その点も午後話したい」と応え、午後三時三〇分の再開を約して休憩となった。

上記のように、園田大臣は、黄華部長が繰り返し反覇権条項についての議論を要求したのに対し、直接には応えず、日中関係の基本的問題に関連する観点について日本の外務大臣として、また政治家としての迫力と説得力のある、熱情に満ちた率直な言葉で自己の見解を発言された。この会談後、高島外務審議官は「胸のすくような発言」との感想をもらされたが、正にわれわれ一同も現場で、園田大臣の一語一語を感嘆しつつ聴いていた。

## 3 第二回園田・黄華外相会談と交渉の難関妥結(66)

第二回外相会談は、同じ八月九日(水)の午後四時二〇分より五時二〇分まで(途中に休憩一五分)行われた。先ず、黄華部長より、中国側の見解を述べたいとして、「反覇権条項は、中国が覇権を求めない決意の表れであり、さらに、東南アジア諸国は日本軍国主義の再現に不安を持っているが、そのような印象を改めるためにも有利であり、広く日本国民に擁護されている。ここで、双方の会談を一挙に妥結させるため、八月七日の日本側案文『この条約は、第三国との関係に関する各締約国の立場に影響を及ぼすものではない』に、原則的に同意する。条文の具体的表現は、佐藤・韓念龍会談で決めさせたい。佐藤・韓念龍会談の成功を祈りたい」旨述べた。

中国側は、ここで予定通りの発言であったのか、あるいは、園田大臣が反覇権条項の話し合いに応じて来ないため、これ以上反覇権条項の案文に関する日本側の発言は求め得ないと考え、遂にしびれを切らして、そろそろ交渉の妥結を考えるべき時であると判断した結果の発言であったのかは不明であるが、第三国条項については七日の日本側提案二案の一つに同意する旨の表明を行い、一挙に交渉妥結に持って行く決意を示したのであった。

ここでしばらく休憩に入り、その後会談が再開された際に、先ず園田大臣より、「自分は、過去二十数年間、日中問題のために一貫して行動して来た。日中提携すべしと唱えて来た。今回は、外務大臣として、政治家としての生命をかけて訪中した。貴国を愛し、それ以上に日本を愛し、アジアを愛する自分の願いであるこの交渉が、貴部長の先ほどの発言により、妥結の方向に大きく動いたことに深くお礼し、決断を高く評価する。貴部長の提案に賛成し、佐藤・韓念龍間で案文の詰めを行うことを希望する。日本軍国主義が再現しないことを実際の行動で示したい。中国の対ソ戦略に日本が引きずり込まれる、という慎重派の不安は一掃されよう。条約の締結後は、日中が相互に協力し、諸問題に対処したい」旨を述べた。

続いて双方は、佐藤・韓念龍会談を翌日開くことに合意した。最後に、佐藤大使より、本日の反覇権条項に関する日本案への合意は、佐藤・韓念龍会談で具体的案文を合意するまでは外部に出さないことを提案し、黄華部長もそれに同意して、会談を終えた。

会談へのわれわれ同席者は、黄華部長が日本案に同意する、と発言したのを聴いた際、これで条約交渉はようやく妥結した、との思いを深くし、ホッと胸をなでおろした。しかも、それは、八月八日提示の案文ではなく、八月七日提示の二案のうち、日本側から見て最も望ましいと考えていた方の条文案に対しての、中国側の同意であった。これは、園田大臣を初め、われわれ代表団全員に対して、大きな安堵感と満足感を与えた。

なお、黄華部長が日本案に同意するとの発言を行った際に、高島外務審議官と中江アジア局長は、テーブルの下で思わず手を握り合った由である。

ただ、中国側が、果たして八月八日佐藤大使の提示した日本案をも検討したうえで、八月七日の日本案の一つを選んだのか否かは謎であった。後日、筆者が、丁民日本処処長に対しその点を訊ねたところ、丁民処長は、検討したと答えた。しかし、後年の二〇一〇年に他用で訪中し、丁民氏に再会の機会を得た際、あらためてその点を確認したところ、八月八日の時点では、既に八月七日の日本案に対し指導部の承諾を得ていた、との答えがあり、以前の答えとは矛盾しているように思えた。しかし、丁民氏の答え方をよく考えてみると、中国側は八月七日の日本案に対して鄧小平副総理の原則的な承諾を既に得ていたが、園田大臣が訪中するまで回答を保留することにしていたところ、八日に佐藤大使からさらに別の案文が提示されたので、それも一応検討はしたが、必ずしも最良の案文ではないと見たので、やはり七日の案文の方で差し支えないとの結論になったのではないかと筆者には解釈できた。

また、中国側は多分、園田大臣の発言ぶりを先ず聞いてから最終回答を行うことにしていたが、園田大臣は黄華部長がいくら催促しても案文については何も語らず、佐藤大使に任せるとの発言に終始したので、言わばしびれを切らして、早期決着のためには余計な時間をこれ以上費やすことは出来ないと判断し、黄華部長から遂に予定通りの最終回答を行った、ということではなかろうか、とも筆者は推測した。もしそうであるならば、丁民氏の二回の異なる答え方に矛盾はないことにもなると解釈した。

なお、早期決着について付言すれば、中国側は、華国鋒主席兼総理のルーマニア訪問のための出発を八月一五日と決めていると聞いていたので、それまでに是非日中条約交渉を妥結させ、その成果を持って東欧訪問に臨みたいという事情も抱えていたのではないか、とも推測された。

## 4　第一五回佐藤・韓会談と起草委員会設置(67)

第一五回佐藤・韓念龍会談は、八月一〇日(木)午前九時より一二時まで(途中三〇分の休憩二回を含む)第一八号賓館において、前日の外相会談の合意に基づいて行われた。日本側は、佐藤大使、中江アジア局長、大森条約局長、堂之脇公使、田島中国課長(筆者)、斉藤(正樹)書記官、東郷首席事務官、杉本事務官(記録係)、小原事務官(通訳)が出席し、中国側は、韓念龍副部長、王暁雲アジア司副司長、沈韋良国際条法司副司長、蔣福喬国際条法司処長、王効賢アジア司日本処副処長(通訳)、徐敦信同副処長、劉学雲副部長秘書官、陸棋日本処処員、孫平同処員が出席した。

第一に、韓念龍副部長は、新しい条約草案を提出し、前文において国際連合憲章の原則遵守の文言と共同声明の諸原則を併行させることは好ましくないと述べたので、日本側より、国際連合憲章の原則尊重を第四パラグラフにすることを提案し、先方は同意した。

第二に、中国側は、第一条削除を要求したので、日本側は、その場合は前文のパラグラフの入れ替えと文言「両国間の平和友好関係を強固にし、発展させるため」を提言し、先方は同意した。

第三に、日本側は、第三国条項を新第五条とするよう提案し、先方は検討を約した。

第四に、日本側は、「反対である」を、先方は「反対する」を強硬に主張したので、日本側は検討を約した。

第五に、日本側より、中国案の協議条項は条約事項ではない旨説明し、中国側は検討を約し、休憩後に同意を回答して来た。

第六に、条約の有効期間について、中国側は、有効期間を決めない場合、発効後直ぐに一年で失効し得るので、有効期間を一〇年、二〇年または三〇年でもよいので規定すべきだと主張した。日本側は、国内の慎重派に説明するうえでも有用であり、適切でもあると考え、中国側が一九七五年に提案した一〇年に同意した。

最後に、日本側より、条約の日本語文と中国語文の表現の対照等リダクションを行う起草委員会を設けることを提案し、中国側も同意した。起草委員会には、日本側から田島中国課長(筆者)、東郷条約局条約課首席事務官、斉藤一等書記官、小原事務官が参加し、中国側から丁民アジア司日本処処長、蔣福喬国際条法司処長、王效賢アジア司日本処副処長が委員会に参加することになった。

起草委員会は、同一〇日午後二時より開かれ、所要の意見交換と作業を行い、日本語文および中国語文の最終条約文の作成(ドラフティング)を行った。しかし、佐藤・韓会談で、反覇権条項の中の「反対である」か「反対する」かのどちらを採るかの問題が未解決であったため、この日の起草作業は途中までとなった。

## 5　園田・鄧小平会談

八月一〇日(木)午後四時三〇分より六時二五分まで、園田外務大臣と鄧小平副主席兼副総理との会談が人民大会堂で行われた。同席者は、日本側より佐藤大使、高島外務審議官、中江アジア局長、大森条約局長、堂之脇公使、田島中国課長(筆者)、佐藤(行雄)大臣秘書官、杉本事務官、小原事務官であり、中国側より黄華部長、韓念龍副部長、廖承志中日友好協会会長、王暁雲アジア司副司長、沈韋良国際条法司副司長、蔣福喬国際条法司処長、丁民アジア司日本処処長、王效賢同副処長等であった。

この長時間の会談のここでの紹介は、鄧小平副総理の発言の中で、ベトナム問題等他の国際情勢に関する部分を除き、最重要である日中関係に関する部分のみの内容を、筆者自身が現場で書き取ったメモおよび既に公表されている当時東京へ送られた報告電報の写しに基づき正確を期して記述し、証言記録とした。

鄧小平発言の中で、特に注目された部分は、反覇権問題、尖閣諸島問題、および中ソ同盟条約問題である。その中で反覇権問題および尖閣諸島問題についての発言は、現在および今後の日中平和友好関係の維持発展にも直接の関係と影響を持つものであると言える。

なお、園田外務大臣の発言については、記憶されるべき主要部分のみを紹介するに留めた。

先ず、園田大臣より、「今回福田総理のご決断により自分の訪中が決定され、条約交渉の円満な取りまとめに努力すべく、最大の決意を持って来訪した。中国側が、迅速周到な準備で温かく迎えて下さったことに感謝する」旨発言した。

続いて、鄧小平副総理より、以下の発言があった。

「中日間には、過去一〇〇年近く問題が続いたが、それは二〇〇〇年に及ぶ交流の歴史から見れば短い。現在の世界は安寧ではない。中日間

園田直外相・鄧小平副総理会談．人民大会堂にて，1978 年 8 月 10 日．中央右は鄧小平副主席兼副総理，左は園田外務大臣，通訳は右に王效賢，左に小原，前列園田外相の左より佐藤大使，高島外務審議官，中江アジア局長，大森条約局長，堂之脇公使，田島中国課長，佐藤大臣秘書官，鄧副総理の右より廖承志中日友好協会会長，黄華外交部長，韓念龍副部長，符浩大使，沈平アジア司長．

には共に協力すべきことがたくさんある。中国が中華人民共和国を建国後、両国間の往来は次第に増えて来た。国交正常化は遅れたが、正常化後の発展は遅くない。具体的なことは各協定により確認された。

残された問題は、両国関係を政治的に如何に表現するかである。それがなくとも両国関係は発展できるが、やはり政治的文書は必要である。絶対多数の政治家と人民は、両国間に政治的文書を設け、それによって中日関係をさらに強固にしたいと願っている。

この仕事は、田中総理、大平外相時代から始められた。共同声明が発表され、国交正常化は実現したが、その後の歩調は遅れた。現在その段取りを完成させなければならない時が来た。先般来、韓念龍副部長と佐藤大使との間で十分な意見交換と交渉が友好裡に行われて来た。それは議論であるから意見の違いが出るのは自然であるが、双方とも妥結させたいとの願望を持っていることは、お互いに理解している。共通の言葉を見つけて表現することがわれわれの仕事である。

われわれは、園田先生が積極的で断固たる態度をとっていることをよく知っている。それに大変感謝している。園田先生は自ら北京へお出でになり、直接会談に参加され、共同の合意に達するよう努力された。

この時点で言えることは、主要事項は大体意見の一致を見たことである。東京の方で福田総理が最終確認をされたか否かは不明であるが、もし東京も同意されたならば、残されたのは具体的な仕事のみである。

本日は閣下が来られたのであるから条約問題以外に国際問題についても意見を交換したい。閣下の中国へのご来訪を感謝し、歓迎の意を表したい。」

実は、この冒頭の鄧小平副総理の発言の中に、「福田総理の最終確認」、「東京の同意」という言葉があったので、われわれは若干不思議、あるいは不可解な感じを持ったが、余り深く気にすることはなかった。園田大臣もこの言葉に対して何も言われることなく、とにかく、最大の問題であった第三国条項の条文は、既に合意済みで妥結済みである、との安堵の認識で会談は進められた。

ただ、あえて鄧小平副総理のこの言葉の意味を考えると、日本側は最終段階において、八月七日の第一三回会談で二つの案文を提示し、さらに八月八日の第一四回会談でさらに新しい一つの案文を提示した。つまり、合計三つの案文を提示した訳であり、中国側(黄華外交部長)は、その中の一つの案を採って「原則的に合意する」と回答したのである。

中国側としては、福田総理の決断により園田大臣が訪中したのであるから、日本側からは「東京(あるいは福田総理)の確認(あるいは同意)を得たので、黄華部長が述べられた案に合意する」との趣旨の回答があることを予想、あるいは期待していたとしても不思議ではなかったと思われる。従って、そのような確認をしない日本側に対して、むしろ中国側の方が、不思議あるいは不可解な感じを持っていたのかも知れない。

いずれにせよ、中国側は、その後さらに確認を求めることはせず、双方ともに最大の難関の円満妥結を前提に、その後の会談および関連の手順を順調に進めたのであった。

次いで、園田大臣は、上記の鄧小平副総理の発言に応じて、歓迎の意に謝意を表明し、日中条約について、「日中平和友好条約は目的ではなく、日中が率直に話し合い、それぞれが役目を果す出発点である。人類が未来に向かって進む新秩序を、アジアに作るべきである。中国は、非常な勢いで強くなることが確実であるが、覇権を求めることのないように願いたい。日中は、立場と手段は違うとしても、アジアの平和と安定を脅かすものに対しては、反覇権で対抗したい。今後は、両国間の各種交流の促進を計りたい」旨発言した。

続いて、鄧小平副総理より、次のような発言があった。

「閣下は、条約以外についても述べられたが、ただ今のお話には賛成である。条約以外に、もう一つの合意を見たい。ただ今反覇権と言われたが、条約の重要な点は反覇権である。この条項は、第三国に対するものではないが、誰でも覇権を求めればそれに反対するものである。われわれが覇権を求めれば、われわれ自身が反対すべきであると思う。中日両国自身、例えば、日本が覇権を求めるならば日本自身が日本に反対し、中国が覇権を求めるならば中国自身が中国に反対しなければならない。これまで多くの日本からの友人にそのことを強調して来た。中日共同声明に入れられた反覇権条項は堅持すべきであり、その理由は四つある。

第一に、中国は、日米関係の重要性を終始一貫して認めている。米国は、この条項を入れることに反対していない。

第二に、中国が条約にこの条項を入れるのは、中国への拘束である。現在の中国には、覇権を求める資格はない。しかし、東南アジアの国々は心配している。中国は、将来強大になっても第三世界に属し、覇権は求めない。もし将来覇権を求めることがあれば、世界の人民は中国人民とともに覇権を求める中国政府に反対すべきである。将来『四つの近代化』が実現した暁には、中国が社会主義を維持するか否かという問題が確かにある。その時中国が覇権を唱え、他国へ侵略、圧迫、欺瞞、搾取などを行うならば、それは変質であり、もはや社会主義ではない。社会主義を求める中国ならば、そのような中国を打倒すべきである。従って、この条項を書き入れることは、中国自身が覇権を唱えない長期政策を採ることを意味する。

第三に、反覇権条項は、日本に対しても一種の拘束である。少なくともアジア諸国の日本に対する印象を改めるのに必要な条項である。しかし、それは日本がこの条項により自衛の武装をすべきではないということでは決してない。中国は、日本には自衛のための十分な武装がなくてはならないと一貫して強調して来た。よって、この反覇権条項を堅持しない理由はない。

第四に、ソ連の問題である。これを条約に書くことにより、北方領土の返還に役立つ。ソ連がこの条項に反対するならば、本性をさらけ出すことになる。何故ソ連がこの条項を恐れるのか、それは自明の理である。

以上四つの理由から、反覇権条項を入れるべしと主張して来た。日本の一部には、ソ連の機嫌を損ねるのではないかと心配している青嵐会などがある。それは構わない。良いことや正しいことは、必ず反対にぶつかる。

この条項は、中国と日本の人民の利益に適っており、アジアと世界の人民の利益に適っている。今回の条約では、文字上の修正を加えたが、実質的に反覇権の精神は残っている。われわれがその必要性を考え、合意に達したのは結構なことであった。条約が第三国に対するものではない、というのは当然のことである。反覇権には、中国自身も含まれている。この文書が出来れば、それは閣下が言われるように、過去の政治的総括のみではなく、新しい出発点である。先生の言葉に賛成である。」

続けて鄧小平副総理は、日中間には釣魚島や大陸棚を含む現実の問題は残っているが、こうした問題は脇においてゆっくり解決すればよい、それより多くの共通点がある、共に仕事をすることがたくさんある、互いに協力し、互いに助け合う道を見出すべきである、という趣旨のことを述べた。

その上で、日中平和友好条約について、「この条約は、中日両国の共通点を肯定する性質を有する。この条約は、貿易、海運、航空、漁業等の協定とは性質が異なる。この条約は、新しい出発点である。残念なことは、これが遅れたことである。閣下は、今の時機を逃すべきではないと言われたが、それは中国側から言いたいことでもある」と述べた。

これに対して園田大臣は、「ただ今閣下より尖閣諸島の問題についてお話があったが、これについては、日本の外務大臣として一言言わなければ日本に帰れなくなるので、言わせて頂きたい」と発言され、「尖閣諸島についての日本の立場は、閣下がご承知のとおりである。日本政府としては、先般のような事件がないようにして頂きたい」と述べた。

園田大臣の言われた「先般のような事件」とは、既に記述したとおり、この年四月に発生した中国漁船一〇〇隻以上の尖閣諸島海域への集結および領海侵入事件を指していた。

これに対して鄧小平副総理は、この前の事件は偶発的なものであり、中国政府としては、この問題で中日間に問題を起すことはない旨述べた上で、この問題は数年、数十年、一〇〇年でもそのまま置いておけばよい、この条約の精神に基づいて将来の世代になれば双方が受け入れることの出来る方法を見つけられるであろう、という趣旨のことを述べた。

鄧小平副総理のこの発言を聞いた園田大臣は、「この問題についての話はここまでにして、さらに別の問題について一言述べたい」として話題を移した。園田大臣としては、鄧小平副総理の「中国政府としては問題を起さない」との言質を得たことで日本側の立場としては十分であり、それ以上に尖閣問題を話し合う必要はないと考えたのである。園田大臣は、帰国後の国会での答弁においてもそのように説明しておられる。

園田外相は会談を続けて、鄧小平副総理に対し、「覇権に対しては、中国の覇権でも日本の覇権でも闘うべきであり、これは既に黄華外相に述べた。モスコーを訪問しても、いささかもソ連に屈しなかった。ソ連はこの条約の締結に抗議し報復するという声明を出しているが、日本は屈することはない。米国であれ、ソ連であれ、覇権行為があれば反対する。ただ、日本国民には、日本が中国の対ソ戦略に引きずり込まれないか不安があるので、考慮願いたい」とはっきり述べたのである。

これに対し、鄧小平副総理は、次のとおり述べた。

「現在の案文は、それを十分考慮している。閣下は、外交部長と中ソ同盟条約についても話をされたようだが、ソ連は中日条約を非常に恐れている。それは、条約が覇権に反対しているからこそである。また、中ソ同盟条約については、日本の友人のみでなく、多くの友人に何回も言っていることであるが、この条約は、実際にはとっくに効力を失っている。

自分は、今ここで政府レベルとして、既に中ソ同盟条約が効力を失っていることを明言する。正式に何らかの方式で言明していないのは、われわれがこの条約を重要視していない証拠である。

この条約の規定では、期限満了の一年前に、廃棄の通告が出来ることになっている。条約の期限は、一九八〇年であるから、来年四月に、何らかの形で条約の廃棄を宣言する積りである。今でもそれを出来るが、一年前という規定があるから、一年前に行うことにする。」

これは、中ソ同盟条約を廃棄する意向について明言したものであった。それに対して、園田大臣より、「そのことは外部に言っても良いか」と問うたのに対し、鄧小平副総理は、「言っても構わない。自分個人の考えでは、政府の正式の形ではなく、例えば、新華社が政府の命を受けて行うことにしてもよい。政府の形にすると、この条約を重視していることになる。とにかく、これまで度々言って来たように、この条約は、既に効力を失っている。それを今ここで日本政府に正式にお伝えする」と述べた。

続いて、鄧小平副総理より、ベトナム問題について詳しい発言があり、園田大臣が、ベトナムについての日本政府の考え方を説明し、さらにカンボジア問題についても意見交換が行われた。

最後に、園田大臣より、「鄧小平副総理および同夫人へ訪日を招請したい」と述べ、鄧小平副総理より、それに対する謝意の表明があり、桜の時期について質問があったので、園田大臣より、「桜の頃では来年となり遅いので、今年の菊花と紅葉の秋がよい」と勧め、「批准書の交換は、東京で行いたいので、その際の来日を歓迎したい」と述べた。

それに対し、鄧小平副総理は、「結構である。本来この条約を日本で調印する際には、自分が訪日して調印しようと思ったが、そのような名目がなくても日本を訪問したい」と述べ、続けて、「これ以上条文の話がなければ、主要な問題はすべて終了した。残るのは、技術的な問題だ。本日でも明日でもよいが、私が福田総理の今回のご決断に感謝している旨是非伝えて頂きたい」と述べた。

以上で、園田大臣と鄧小平副総理との会談は終了した。

その後、短時間の休憩の後、同じ人民大会堂の別の部屋で、鄧小平副総理主催の非公式夕食会が開かれた。日本側は、代表団と関係者全員が招待された。そのメインテーブルには、鄧小平副総理の右に園田大臣が、左に佐藤大使が着席された。

その宴の最中に、鄧小平副総理は佐藤大使に対し、「大使、第三国条項を独立の条文にすることには同意するから、反覇権条項の末尾は『反対する』にして貰えないか」と述べたので、佐藤大使は、「考えてみますが、大臣とも相談しなければなりません」と応えておいた由であった。

これは、具体的な条文の問題は、園田大臣ではなく、代表団長たる佐藤大使に話す必要がある、あるいはその方が話が早いであろう、と鄧小平副総理がおそらく考えたことを示すものとして興味があると同時に、他方、中国側では、案文の詳細に至るまで、鄧小平副総理自身の指示の下に交渉を進めていたことを如実に示したものとしても興味深い発言であった。

## 6　第一六回佐藤・韓会談と交渉の最終妥結(68)

第一六回(最終回)佐藤・韓会談は、八月一一日(金)午前一〇時二〇分より同五五分までの三五分間、釣魚台第一八号賓館で行われた。東京からは「反対する」に同意しても差し支えないとの電報が入っていたので、佐藤大使より、「反覇権条項の『反対する』の表現に同意する」旨述べ、韓念龍副部長より、「第三国条項を日本側提案通り独立条項にすることに同意して第四条とし、中国案の協議条項は削除することに同意する」と前日検討を約束した回答を発言した。

続いて大森局長より、中ソ同盟条約の廃棄について、「通例では、条約の廃棄は書面の通告を必要とするが、中国側の見解をお聞きしたい」旨質問したのに対し、沈韋良国際条法司副司長より、「中ソ同盟条約の廃棄は、条約の規定によれば、何らかの形で廃棄を宣言すればよいのであって、書面その他の形式は問わない」との説明があった[69]。

これで、実質問題の交渉はすべて最終的に妥結し、残りは起草委員会に任せることに合意して会談を終了した。八月一一日、最終回の佐藤・韓会談の結果を踏まえて、第二回起草委員会が直ちに開かれ、午前中に、日本語本文テキストが合意され、午後に、中国語本文テキストが合意された。続いて、正式英訳文テキストの作業に入ったが、東京との協議が入り議論が長引いたため徹夜作業となり、翌一二日早朝になってようやく条文テキストすべてに合意が成立した。

## 7　第三回園田・黄華外相会談(70)

園田大臣と黄華部長との第三回会談は、最終会談として、八月一二日(土)午前一一時より同四五分まで第一八号賓館において行われた。日本側の同席者は、佐藤大使、高島外務審議官、中江アジア局長、大森条約局長、堂之脇公使、田島中国課長(筆者)、佐藤大臣秘書官、斉藤書記官、東郷条約課首席事務官、杉本事務官、小原事務官であり、中国側の同席者は、韓念龍副部長、符浩大使、王暁雲アジア司副司長、沈韋良国際条法司副司長、高建中礼賓司副司長、丁民日本処処長、王效賢同副処長、徐敦信同副処長、陸棋同処員、孫平同処員であった。

先ず、園田大臣より、「われわれの任務の完了を喜びたい。黄華部長以下中国側の努力と熱意に謝意を表明したい」と述べ、次いで黄華部長より、「中日両代表団に感謝する。園田大臣が訪中され交渉を成功させた。条約の締結は、両国間の友情に広い展望を開いた。今後一層努力したい」旨述べ、双方が条約案文を確認した。

さらに、園田大臣より、「両国の代表団に感謝する。日中双方の第二次大戦中に亡くなられた方々に哀悼の意を表し、日中友好が新段階に入ったことを報告したい。今後は年に一度は日中関係、アジア情勢、国際情勢について外相会談を行いたい」旨述べた。

これに対し黄華部長は、「両国間の協議の緊密化に賛成し、外相および両国外務省関係者同士も行き来を頻繁にしたらよい」と応えた。

また、園田大臣より、「国連憲章の旧敵国条項は、日本への適用はなくなったと考えてよいか」と質したのに対し、黄華部長は、「国連憲章は現在の国際情勢を反映しておらず、ソ連は反対しているが、中国は憲章の改正に努力したい」旨応えた。

さらに、園田大臣より、「在日中国人の二重国籍、北京の日本大使館の敷地、在広州総領事館の設置、在上海日本総領事公邸の確保、国連安全保障理事会の選挙での日本支持等について中国側の配慮を願う」旨述べたのに対し、黄華部長は、「検討を約す」旨応えた。

最後に、園田大臣より、「西独の新聞が、日中条約の締結を歓迎し、ソ連の反対が締結を促進させたと報じている」旨紹介したのに対し、黄華部長は、「その報道は正しい、私はソ連に感謝している」旨応え、園田大臣より、「東京での再会を願う」旨述べて会談を終了した。

なお、東京では、自民党内での調整が連日行われたことが、大使館より代表団に伝えられた。最終調整となった一一日の党五役会議、一二日の党総務会でようやく了承が得られたものの、それまでの党内会議では慎重派からの厳しい抵抗が続き、福田総理、大平幹事長、安倍官房長官等が忍耐強く説明と説得に努められた、とのことであった。

そのような一二日の党内調整終了後、閣僚懇談会を経て、同日午後臨時閣議で署名の決定が行われ、次いで、全権委任状に天皇陛下の認証を受けた。それら国内でのすべての手続きを経て、「予定通り署名調印すべし」との訓電が、北京時間の一二日午後遅く大使館に届いた。

北京では、一二日午後、園田大臣が、迎賓館より東京の福田総理に電話で交渉妥結と諸会談の結果を報告され、「総理は喜んでおられた」旨を代表団に伝えて下さった。

その後、全代表団員は、迎賓館の大臣の部屋に集まり、東京の有田次官に電話して、一同が代わる代わる電話口に出て交渉の完全妥結の喜びを交わした。代表団員の中には、涙を流している方々もいた。筆者は、外務省入省に当たり中国語研修を希望し中国関係の職務に長く携わって来た者として、この条約交渉に主管課長として直接参画できたことは真に幸運であり、得難い貴重な経験であったこと、そして重要な成果を得たことを喜ばしく思い、感無量であった。園田大臣は、その後午後五時から、民族飯店においてエンバーゴー付きの記者会見を行われ、筆者は陪席の任を務めた。

## 8　園田・華国鋒会談

八月一二日(土)午後六時過ぎから、園田外務大臣と華国鋒総理との会談が、約一時間人民大会堂で行われた。同席者は、日本側から佐藤大使、高島外務審議官、中江アジア局長、大森条約局長、堂之脇公使、田島中国課長(筆者)、佐藤大臣秘書官、斉藤書記官、杉本事務官、小原事務官であり、中国側から、黄華外交部長、韓念龍副部長、符浩大使、廖承志中日友好協会会長、沈平外交部アジア司長、王暁雲同副司長、沈韋良国際条法司副司長、高建中礼賓司副司長、丁民日本処処長、王效賢同副処長、徐敦信同副処長であった。

先ず、華国鋒総理が、園田大臣の訪中を歓迎し、「条約締結は、法律面から両国関係を確認したものであり、意義深い。毛沢東主席は、中国は永遠に覇権を唱えないと言った。中国政府の誰かが覇権を唱えたら世界と中国の人民はその人間を打倒すべきである。中国の経済は伸びているが、日欧米に代表団を派遣し学んだ結果である。

自信も出て来た。日本からはさらに学びたい」と発言した。

それに対し、園田大臣より、「華国鋒総理とお会いできたことを嬉しく誇りに思う。福田総理より、条約締結に感謝し、祝賀する電報が来ている。福田総理より、華国鋒総理への訪日招待の伝言を依頼された」旨発言した。

華国鋒総理は、「自分は間もなくルーマニア、ユーゴ、イランを訪問する。東京での批准書交換には、鄧小平副総理の出席を決定した。自分は、『四人組』粉砕のため外国を訪問できなかったが、適当な時期に日本を訪問したい」と応えた。

さらに、園田大臣より、「他国の繁栄の中で、初めて自国の繁栄が確保される」旨述べたのに対し、華国鋒総理は、「日本の過去の中国侵略は、軍国主義の責任であり、日本国民の責任ではない。現在中国は、日本がいくら強くなっても中国を侵略するとは心配していない。日本も、中国が強大になっても日本を侵略するとは心配していないと思う」と述べた。

園田大臣は、「日本が軍国主義にならないことは、実際の行動で示す決意である。中国も、アジアや日本に不安を与えないことを実際の行動で示して欲しい。もし、私が国際会議でテーブルを叩いて大声を出したら、勇気があると称えられるが、華国鋒主席がテーブルを叩くと、それは人々に脅威を与えると言われよう。本日は、華国鋒主席から温かい言葉を頂いて感謝している」旨述べた。最後に、華国鋒総理より、「福田総理に自分の挨拶と祝賀の気持ちを伝えて欲しい」旨の発言があり、会談を終えた。

この会談の終了後、華国鋒総理および園田大臣ならびに同席者全員は、直ちに調印式会場である人民大会堂「安徽の間」へ向かった。ただ、筆者は、事前の代表団内の打ち合わせに従い、日本の記者団へのブリーフィン

日中平和友好条約署名調印式．人民大会堂にて，1978年8月12日．着席している署名者は，右側が黄華外交部長，左側が園田外務大臣，前列右より左に向かって，沈平アジア司長，符浩駐日大使，韓念龍外交部副部長，廖承志中日友好協会会長，鄧小平副総理，華国鋒総理，佐藤大使，高島外務審議官，中江アジア局長，大森条約局長，伴公使，堂之脇公使，中列右から3人目が王效賢日本処副処長（通訳），その左が丁民日本処処長，1人置いて徐敦信，高建中，沈韋良，王曉雲アジア司副司長，1人置いて田島中国課長，佐藤大臣秘書官，伊藤書記官，1人置いて出田参事官，最後列左より杉本事務官，斉藤書記官，1人置いて渡部大臣秘書官，1人置いて小原事務官．

グの役割を果すため人民大会堂の別室に行き、待機していた記者団に対し、園田・華国鋒会談の主要点を、鄧小平副総理が批准書交換の機会に訪日予定である点を含めて紹介した。

## 9　日中平和友好条約調印式

いよいよ八月一二日(土)午後七時から、人民大会堂「安徽の間」において、日中平和友好条約の署名調印式が開催された。日本側からは、佐藤大使以下の代表団員、大使館の関係館員が、中国側からは、華国鋒総理、鄧小平副総理、廖承志中日友好協会会長、韓念龍外交部副部長ほか関係者が、それぞれ同席した。

出席者全員が見守る中で、園田外務大臣と黄華外交部長による署名調印が、厳粛な空気の中で行われた。

署名調印の終了後、その場で直ぐにシャンペンが配られ、出席者全員が、交々乾杯を唱えつつ杯を交わした。華国鋒総理が筆者のところへも杯を挙げながら近づき、直接に乾杯して下さった。筆者は、全く予期しておらず、突然のことであったので緊張しながら杯を挙げ、乾杯を交換した。

続いて、午後七時半から、同じ人民大会堂の中で園田外務大臣主催の答礼宴が開催された。日本側は、調印式への出席者全員および夫人同伴の北京在住者が出席した。この答礼宴には、日本から大臣一行が持参した日本酒と巨峰の葡萄も供され、日中友好ムードの盛り上がった雰囲気の中で進行した。

答礼宴終了後、午後九時半過ぎより、民族飯店で、園田大臣の記者会見と懇談会が行われた。

さらに、午後一〇時四五分頃より大使公邸で、佐藤大使主催により園田大臣、代表団一行、大使館員夫妻、および在留邦人が出席してのレセプションが開かれた。すべての宴会、レセプション等は、出席者全員が晴れ晴れとした楽しく喜ばしそうな顔で、賑やかに祝いの言葉を交わしつつ、時が過ぎるのも忘れた空気に満ちていた。

なお、大森条約局長によれば、園田大臣主催の答礼宴の際、隣席の外交部幹部は、「今回の中日条約交渉は、鄧小平副総理がすべてを取り仕切り、園田大臣訪中受け入れについても直ちに決定を下し、条約案文や条項の配列についても直接決定を下した」と述べた由であった。それは既述のように、鄧小平副総理自身の一〇日夜の宴席での佐藤大使に対する発言でも示されたとおりであった。

## 10　交渉妥結調印による帰国

北京滞在最後の八月一三日(日)の朝、大使館より代表団員東京組に対して、東京では各紙が、福田総理の「条

調印式を終え，帰国した後，関係者が集まる．料亭にて，1978年8月31日．前列右より森官房副長官，園田外務大臣，福田総理，安倍官房長官，中列右より山崎外務省官房長，有田外務次官，高島外務審議官，1人置いて中江アジア局長，後列右より田島中国課長，2人置いて斉藤条約課長，三宅アジア局次長，渡部大臣秘書官，小和田総理秘書官，佐藤大臣秘書官．

約調印により、日中両国間の吊り橋が鉄橋になった」との発言を大きく報じている旨が、また、北京では『人民日報』が、「条約調印は最大の出来事であり、両国関係の政治的総括であるとともに、新しい出発点である」と、やはり大きく報じた旨が伝えられた。

筆者達は、それぞれの宿舎ホテルに戻り、手荷物をまとめた後、ホテルの隣の友誼商店に行き、土産物を買うなどして出発準備を整えた。そして昼食後に、全員が大臣一行と合流し、午後一時半に日航特別機で北京空港を離れ、帰国の途についた。七月一九日に東京を出発してから八月一三日までの約一カ月は、相当に長くもあり、また過ぎてしまえばあっという間でもある、中身の濃く緊張した日々であった。

しかし、ようやく重大課題を成し遂げてホッとすると同時に、東京に帰ってからは、国会での条約に関する討議への準備を初め、為すべき仕事が山ほどあることを思うと、気を休めることは全く出来なかった。

# 第6章　鄧小平副総理夫妻来日と批准書交換式

## 1　鄧小平副総理夫妻一行の概要

鄧小平国務院副総理および卓琳夫人は、廖承志全国人民代表大会常務委員会副委員長夫妻および黄華外交部長夫妻を初めとする公式随員一二名、随員三〇名および随行記者二九名の総勢七三名（在京特派員八名を含めると八一名）を率いて、一九七八年（昭和五三年）一〇月二二日から同月二九日までの八日間、日本国政府の公賓として日本を訪問した。それは、二〇〇〇年の長い日中関係史上初めての中国政府首脳の公式訪日であった。

その公式の目的は、同年八月一二日に北京で日中両国外相により調印された日中平和友好条約の批准書交換式への出席および福田赳夫総理との会談であった。しかし、鄧小平副総理自身および中国政府としては、この機会に「中日関係のために井戸を掘った古い友人」を訪問すること、および日本の経済発展の実情を視察し自国の経済発展の参考にすること、なども重要な目的としていた。日本側も、そのような中国側の目的と希望に沿うように一行の訪問先等の滞在日程を作成した。

一行の名簿は、賓客として鄧小平国務院副総理および卓琳夫人、公式随員として廖承志全国人民代表大会常務委員会副委員長兼中日友好協会会長および経普椿夫人、黄華外交部長および何理良夫人、韓念龍外交部副部長および王珍夫人、符浩駐日大使および焦玲夫人、李力殷国務院弁公室副主任、沈平外交部アジア司長、王暁雲同副司長、高建中礼賓司副司長の計一二名、随員として王瑞林鄧副総理秘書、金黎中日友好協会副秘書長、丁民外交部アジア司日本処処長、王效賢同副処長兼通訳および徐敦信同副処長ほか計三〇名であり、一行の合計は四四名であった。

さらに、随行記者として、新華社、人民日報、北京日報、国際広播電台、中央電視台からの各記者および衛星中継技術者等の計二九名、さらに在京特派員八名が加わり、記者団は合計三七名であった。従って、一行と記者団を含めた総計は八一名であった。

日本側は、首席接伴員として佐藤正二駐中華人民共和国特命全権大使、接伴員として佐藤大使夫人、中島信之外務省儀典長夫妻、中江要介同アジア局長、松村慶次郎同儀典官、田島高志同アジア局中国課長(筆者)および有本富三外務省大阪連絡事務所所長夫妻それぞれを任命して、一行に対する接遇を行った。

## 2　滞在日程の概要

一行の日本滞在中の日程概要は次のとおりであった。主要日程について詳しくは以下の各章別に解説し、諸種関連行事については第8章3節に概説する。

一〇月二二日(日)

東京国際空港着、佐藤首席接伴員、符浩駐日中国大使、接伴員全員および島津迎賓館館長等出迎え。

同月二三日(月)

歓迎行事(迎賓館)、福田赳夫総理表敬(総理官邸)、批准書交換式(総理官邸)

天皇皇后両陛下御引見、宮中午餐(皇居)、福田総理との第一回会談(総理官邸)

衆議院議長表敬(迎賓館)　夫人:生花、茶道鑑賞(迎賓館和風別館)

福田赳夫総理夫妻主催晩餐(総理官邸)

同月二四日(火)

田中角栄元総理に挨拶(田中邸)、衆参両院議長表敬(国会)

大平正芳元外相に挨拶(ホテルオークラ)

衆参両院議長主催国会関係歓迎レセプション(衆議院議長公邸)

日産自動車座間工場視察、日中関係団体主催歓迎レセプション(ホテルニューオータニ)

同月二五日(水)

福田総理との第二回会談(総理官邸)

経済団体共催午餐(ホテルニューオータニ)　夫人:福田総理夫人主催午餐(吉兆)

記者会見(日本プレスセンター)

在日華僑との茶会(ホテルニューオータニ)

鄧小平副総理夫妻主催晩餐（ホテルニューオータニ）
同月二六日（木）
新日鉄君津製鉄所視察、福田総理歓送表敬（迎賓館）、東京駅発（新幹線）
京都駅着、都ホテル着、佐藤正二首席接伴員主催非公式晩餐（つるや）
同月二七日（金）
御所、二条城訪問、昼食（嵐亭）、修学院離宮訪問
京都府知事・市長・商工会議所会頭共催晩餐（都ホテル）
同月二八日（土）
京都発（近鉄特別列車）、奈良着、東大寺訪問
奈良県知事・市長共催午餐（奈良ホテル）、唐招提寺訪問
松下電器茨木工場視察、大阪ロイヤルホテル着
大阪府知事・市長・商工会議所会頭共催晩餐（大阪ロイヤルホテル）
同月二九日（日）
造幣局視察、関西財界人との昼食懇談（今橋つるや）　夫人：午餐（高麗橋吉兆）
大阪国際空港発帰国（特別機）

## 3　羽田到着、歓迎式典、および総理表敬

一〇月二二日(日)午後四時二〇分、羽田の東京国際空港二二番スポットに鄧小平副総理夫妻一行の特別機が予定通り到着した。先ず佐藤正二首席接伴員と符浩在京中国大使が機内に入り、主賓夫妻に挨拶し、陸上自衛隊による礼砲一九発が鳴る中を、主賓夫妻は首席接伴員の先導で降機された。

その後主賓夫妻は、出迎えに並ばれた符浩大使夫人および佐藤大使夫人ほか筆者達各接伴員の挨拶を順次受けられて、首席接伴員の案内により指定の乗用車に乗車された。各公式随員もそれぞれの接伴員とともに指定の乗用車に乗車、非公式随員もそれぞれ指定の乗用車に乗車し、一行の車列は都内赤坂の迎賓館へ向かった。筆者は、指定の第八号車に、符浩大使とともに乗車した。

二日目の一〇月二三日(月)には、午前九時三〇分から同四五分まで迎賓館の中庭において歓迎式典が行われた。中国側は公式随員が出席し、日本側の出席閣僚は、福田総理大臣、安倍官房長官、園田外務、村山(達雄)大蔵、砂田(重民)文部、中川(一郎)農林水産、河本(敏夫)通産、福永(健司)運輸、服部(安司)郵政各大臣および稲村(佐近四郎)総理府総務長官であった。

外交団は、中国と国交のある二八カ国の各駐日大使が招待され、そのうち二六カ国の各駐日大使が出席した。ファンファーレ吹奏の後に中国国歌と君が代の吹奏があり、栄誉礼の受礼、儀仗隊の巡閲等があり、厳粛な中

にも明るい雰囲気のうちに進行、終了した。

続いて午前一〇時に、鄧小平副総理は、総理官邸に福田総理を表敬訪問した。

中国側の随行者は、廖承志副委員長、黄華外交部長、韓念龍副部長、符浩大使と通訳であった。

日本側の同席者は、園田外務大臣、安倍官房長官、佐藤大使、中江アジア局長、小和田総理秘書官、田島中国課長(筆者)と小原事務官(通訳)であった。

## 4　日中平和友好条約批准書交換式

一九七八年一〇月二三日(月)午前一〇時三〇分から一一時まで総理官邸において、いよいよ日中平和友好条約批准書交換式が行われた。

中国側の出席者は、鄧小平国務院副総理夫妻、廖承志全国人民代表大会常務委員会副委員長夫妻、黄華外交部長夫妻、韓念龍外交部副部長夫妻、符浩駐日大使夫妻、李力殷国務院弁公室副主任、沈平外交部アジア司長、王暁雲同副司長、高建中礼賓司副司長、およびその他の随員一四名と中国大使館員一二名であった。日本側の出席者は、福田総理を初め迎賓館での歓迎式典の際と同じ閣僚、外務省関係幹部および小和田総理秘書官であり、中国課長(筆者)が司会を務めた。

先ず、福田総理および鄧小平副総理を初めとする出席者全員が着席すると、君が代次いで中国国歌の吹奏が厳粛な雰囲気の中で行われた。

横長のテーブルに園田外務大臣と黄華外交部長が着席し、それぞれ自国側の調書（日本語文および中国語文）に署名した。次いで、署名を了した調書それぞれを、介添え者が相手国側の調書（日本語文および中国語文）それぞれと交換し、今度は、両外相それぞれが相手国側の調書に署名した。

日中平和友好条約批准書交換式．総理官邸にて，1978 年 10 月 23 日．外交史料館所蔵（分類番号 2010-6217）．

署名を了した相手国側の調書（日本語文および中国語文）をそれぞれ自国側の批准書に挟んで、両国外相間で交換し、そこで園田外相と黄華部長は、満面笑顔で固い握手を交わした。

出席者全員の拍手が起り、次いで福田総理が祝辞を述べ、乾杯をされた。続いて、鄧小平副総理が祝辞を述べ、乾杯をされた。

厳粛で晴れやかな雰囲気の中で、批准書交換式は終了し、出席者はそれぞれ式場を離れた。

# 第7章　天皇皇后両陛下の御引見および午餐

## 1　天皇皇后両陛下の御引見

一〇月二三日(月)批准書交換式の終了後、正午一二時に、鄧小平副総理夫妻は、公式随員を伴い皇居を訪問し、天皇皇后両陛下の御引見を受け、続いて午餐の招待を受けられた。

一行は、皇居内宮殿の「南車寄せ」に到着し、主賓夫妻は、湯川盛夫式部官長の先導により「千草の間」に案内された。それには符浩駐日大使のみが随伴した。他の公式随員および佐藤首席接伴員は、和智(一夫)式部官の誘導により「松風の間」に案内された。

天皇皇后両陛下が正殿「竹の間」にお着きになると、主賓夫妻は、駐日大使とともに式部官の誘導により「竹の間」入り口まで案内されて、両陛下にご挨拶をされた。中国課長(筆者)および小原事務官は、それぞれ通訳として両陛下の後ろに随従した。

天皇陛下は、鄧小平副総理とやや斜めに向かい合われるようにソファに着席され、皇后陛下は鄧小平夫人卓琳女史とやや斜めに向かい合われるようにソファに着席された。両陛下は、主賓夫妻と一二時一〇分より同二五分

天皇皇后両陛下と鄧小平副総理，卓琳夫人．皇居にて，1978 年 10 月 23 日．外交史料館所蔵（分類番号 2010-6217）．

まで、約一五分間会話を交わされた。天皇陛下の通訳には中国課長（筆者）が当たり、皇后陛下の通訳には小原事務官が当たった。その内容については、後段に詳記する。

御引見の終了後、両陛下と主賓夫妻は、並ばれて写真撮影を受けられ、それは、当日二三日の各紙夕刊および翌二四日の各紙朝刊などに大きく掲載された。

皇后陛下は、腰痛がおありとのことで、「竹の間」で主賓夫妻にお別れのご挨拶をされて、写真撮影後間もなくご退出された。

## 2　午餐

天皇陛下と主賓夫妻は、湯川盛夫式部官長の先導で「竹の間」より「梅の間」に案内され、それに符浩大使と入江（相政）侍従長が随従した。そこで陛下は主賓夫妻に対し、皇太子同妃両殿下および常陸宮同妃両殿下をご紹介された。

次いで、ご一同は「連翠」にお入りになり、陛下は、主賓より中国側公式随員のご紹介を受けられた。また、主賓夫妻には、衆参両院議長、最高裁長官等の日本側の午餐同席者それぞれの方々を接伴員としての筆者よりご紹介した。

「連翠」では、食前の飲み物が出され、次いで陛下は、湯川式部官長を伴い主賓夫妻を午餐会場「豊明殿」にご案内され、着席された。続いて他の出席者一同も着席した。

午餐には、日中双方の出席者が多数であったため、通訳には中国語のできる外務省員を数名動員して、食卓の各部分での会話の進行に遺漏なきを期した。食事中には、宮内庁楽部による音楽が演奏され、明るく和やかな雰囲気が満ちていた。

天皇陛下主催の午餐．皇居にて，1978 年 10 月 23 日．前列左より保利衆議院議長，正仁親王妃殿下，明仁皇太子殿下，通訳を挟んで鄧小平副総理，後列左より美智子皇太子妃殿下，天皇陛下，通訳は田島中国課長，鄧小平夫人，福田総理，岡原最高裁長官夫人．外交史料館所蔵（分類番号 2010-6217）．

各出席者の間の会話は、各席で和やかに交わされていたが、筆者は、主として天皇陛下と卓琳女史との会話の通訳を務め、時に福田総理と卓琳女史との会話の通訳も務めるよう心掛けた。陛下と卓琳女史との会話では、日中双方の文化、中国の農業や産業、蘇州の庭園などが話題になったと記憶する。小原事務官は、皇太子殿下と鄧小平副総理との会話を中心に通訳を務めていた。

食事終了後、一同は「石橋の間」に案内され、コーヒーおよび食後酒が出された。間もなく、主賓夫妻は、陛下および皇族方とお別れのご挨拶をされて退出され、湯川式部官長のお見送りで「南車寄せ」より宮殿を辞去された。

## 3　天皇陛下と鄧小平副総理との会談の歴史的意義

天皇陛下が鄧小平副総理を御引見された際の会談内容については、通例に従い日中双方ともに不公表扱いにしたい旨を、あらかじめ筆者より符浩大使に伝え、中国側の了解も得ていた。

ところが、当日二三日の主要紙夕刊および翌二四日の各紙朝刊に、「会談に同席した湯川盛夫式部官長の説明によると」として、鄧小平副総理が「過去は過去として」と発言し、それに対して陛下が「一時不幸なできごともありましたが」と応じられたとの見出しで、会談内容の一部が記事として掲載されてしまった(71)。

筆者は、二三日夕刻そのような見出しの記事を読んで、会談内容はお互いに不公表扱いにするとの了解を日本側が破ってしまったこと、加えてその記事で報道された会談内容は正確とは言えないこと、という二重の不測の事態に全く驚いた。

果せるかな、中国側からは直ぐに符浩大使より筆者に対し、遺憾の意の表明があり、中国側としても会談内容を公表せざるを得ないがよいか、と伝えて来たので、筆者は直ちに中江アジア局長に報告し、了承を得たうえで、中国側の要求を了解する旨符浩大使に回答した。

この会談内容は、過去のこととはいえ、皇居内での会談であるので、この回想記でその全体を明らかにすることは当然控えるべきである。しかし、日本側各紙の報道が正確さを欠いた部分については、その内容が日中関係の歴史上に重要な意義があったとの観点から、その部分の真相を明らかにしておくべき義務が筆者にはあるのではないかと考える。また、知人友人である多くの研究者や専門家から真相を記録に残すべきであると強く勧められていることもあるので、ここに初めて証言をさせて頂きたい。

会談は、極めて和やかな雰囲気で始まった。冒頭に陛下からの歓迎のお言葉と鄧小平副総理からのご挨拶の言葉が交わされた後、陛下より、「日中平和友好条約の批准書の交換を喜ばしく思います。……閣下夫妻の来訪を国民一同が歓迎しています」と述べられた。

鄧小平副総理は、陛下のお言葉への謝意を述べるとともに、「この条約は、想像以上に深遠な意義を持つものだと思います。これは中日間の歴史を政治的に総括するものであり、同時に今後の両国間の関係を一段と発展させる新しい出発点でもあります」と応えられた。

それに対して陛下より、「貴国とは伝統的な歴史関係があります。その上にこの度の条約が結ばれました。これは確かに重要な意味を持つものであると思います。一時不幸な出来事がありましたが、それを過去のこととして、この度の条約により、これからは是非種々な関係で新しい親善が進み平和が保たれることを心から願っています」と述べられた。

このお言葉に対し、鄧小平副総理は間髪を容れず、「陛下のただ今のお言葉に大変感動いたしました。中日両国人民は、二〇〇〇年有余の友好関係の歴史を持っています。一時問題はありましたが、それは既に過ぎ去りました。今後われわれは前向きの態度で両国の平和友好関係を築き上げて行きたいと思います」と応えた。

陛下はさらに、「この条約を基礎に長く両国の親善と平和が進むことを期待しています」と重ねて強調され、鄧小平副総理は、「陛下のおっしゃるとおりであり、全く同感です」と応じた。

その後は陛下より、「快適なご滞在を希望します。日本国民もそう期待しています」などのお言葉があり、鄧小平副総理より、「お心遣いに感謝いたします。長年の訪日の願望が実り大変嬉しく思います。……陛下は私より年上とお聞きしましたが、非常にお元気ですね」などの発言があり、温かい雰囲気の中に歴史的な会談は終了した。

以上が肝心な歴史的意義のある部分の真相である。日本の各紙記事で、会談が終始和やかな雰囲気の中に行われた旨記述されたことは正確であり、そのとおりであったが、会談の内容については、陛下の「一時不幸な出来事がありましたが……」とのお言葉があり、次いで鄧小平副総理の「それは既に過ぎ去りました。今後われわれは前向きの態度で……」と進んだ発言が、逆の順序で報道されたのである。

すなわち、実際には、報道された陛下と鄧小平副総理それぞれの発言の順序は逆であり、陛下が先に「一時不幸な出来事がありましたが……これからは是非種々な関係で新しい親善が進み平和が保たれることを……」と述べられたのに対し、鄧小平副総理が「陛下のただ今のお言葉に大変感動いたしました。……一時問題はありましたが、それは既に過ぎ去りました。今後われわれは前向きの態度で……」と応じたのであった。

しかも、鄧小平副総理は、陛下のお言葉に対して間髪を容れず、やや興奮したかの面持ちで「ただ今のお言葉に大変感動いたしました」と発言し、陛下の誠実なお人柄と誠意あるお言葉に胸を打たれた感動を直ちに、率直に、自然に表現したのであった。これは、陛下のご誠実とご立派さが鄧小平副総理に直ちに深く伝わった証拠であったと言えよう。

筆者の耳には、今でも鄧小平副総理の「大変感動いたしました（非常感動）」との声が、鮮明に印象深く響いて残っている。日本国の象徴たる天皇陛下と中国の事実上の最高首脳である鄧小平国家副主席兼国務院副総理という両国それぞれの最高位のお二方の信頼関係が、この瞬間に深く築かれた意義を感じた。

このような歴史的意義を持つ会談の実現に、筆者自身も深い感激の念を抱きつつ通訳の任を務めていたことが明白に想起される。ここに証言として記録に残し、広く多くの方々にお伝えしたいと考える。

## 4　天皇陛下御引見についての中国側報道

天皇陛下と鄧小平副総理との会談についての中国側の報道は、日本のラヂオプレスが伝えたところによれば、二三日夜の北京放送が次のように行った。

「日本の天皇裕仁、皇后長子《ながこ》両陛下は、二三日昼東京の皇居で鄧小平副総理および卓琳夫人と会見し、友好的に話し合った。天皇陛下は、鄧副総理の来訪に歓迎の意を表した。鄧副総理は、これに感謝の意を表した。……会見の中で天皇陛下は、日中両国は長い友好の歴史を持っており、一時期不幸な出来事があったとはいえ、それは既に過去のものとなったと述べた。天皇陛下は日中平和友好条約の批准書交換を喜び、これは深い意義を持つものであると認めた。天皇陛下は、今後両国の親善が深まり、長期にわたり平和が保たれるよう希望した。

鄧副総理は次のように述べた。われわれもこの条約が深遠な意義を持つものであると考えている。過去の出来事は既に過ぎ去った。今後、われわれは前を見るという態度で両国の平和関係を打ち立てなければならない。この条約は現在までの両国関係の政治的総括であり、両国関係を一段と発展させる新しい出発点でもある。この条約は、われわれ両国が子々孫々まで友好的につき合っていく上で重要な意義を持つばかりでなく、アジア・太平洋地域の平和と安定に重要な意義を持ち、世界平和にとっても重要な意義を持っている。」

中国側の報道は、双方の発言を逐語的な順序で伝える形式ではなく、双方の主要な発言をそれぞれにまとめて伝える形式により主な発言内容を報道したものであるが、その内容は正確であった。

このような、要人会談の双方の発言内容をまとめて伝える方式は、中国がよく採る報道方式であり、当日の報道もその方式を採ったものに過ぎないと見ることもできよう。しかし、筆者には、どうもそのように簡単には解釈できない感じがした。

すなわち、日本の各紙が発言の順序を不正確に報道したことが表面化した場合には、無用で複雑な問題が両国間で起こりかねず、それを避けるため、いわば日本側の面子も守れるように配慮した報道方式を採ったものかも知れないからである。中国側の賢明な大人らしい対応に感心した。いずれにせよ、中国側の報道に対し、日本側からの異論はなく、何の問題も起こることはなかったので、筆者も安堵したのであった。

天皇陛下と鄧小平副総理との会談は、陛下の誠実なお人柄とお言葉が鄧副総理の胸に深く伝わって感銘を与え、鄧副総理が「大変感動いたしました」という即座の表現でそれを率直に表明した点に最大の意義があったと考えられる。

このような日本の天皇陛下に対する中国側の新たな印象と好意的な受け止め方が、後年中国側が天皇陛下の訪中を熱望し、その実現に繫がって行ったのではないかと思われる。当時外交部アジア司日本処処長であった丁民氏が、この数年後に筆者と再会した際、「中国としては天皇陛下のご訪中を是非実現したいと強く希望しているので、記憶しておいて欲しい」と強く述べていたことが想起される[72]。

## 5　入江侍従長日記の記述

この際の天皇陛下と鄧小平副総理との会談についての記述が、入江相政侍従長の日記にあることを筆者は後日発見した。入江日記の昭和五三年一〇月二三日(月)の件に、「(陛下は)竹の間で『不幸な時代もありましたが』と御発言。鄧氏は『今のお言葉には感動致しました』と。これは一種のハプニング」との記述がある[73]。当日の各紙には、鄧小平副総理の「感動」発言が全く報道されていなかったが、入江日記には正確にそれが記録されていたのである。湯川式部官長と同じく会談に同席していた入江侍従長は、天皇陛下の予想外のご発言と、それに対する鄧副総理の反応にはさすがに驚き、かつその重要さを感じて、当日の日記に明確に記されたものと思われる。「これは一種のハプニング」との記述にその驚きぶりが明白に現れている。

実は、天皇陛下が外国要人を御引見される場合、通常は事前に宮内庁および外務省から来賓についてご進講を差し上げたり、ご発言のご参考として「お言葉振り」を差し上げたりする。陛下は、それをご参考にされたうえで、ご自身の判断で自由にご発言なさるのであると筆者は理解している。

鄧小平副総理の場合も、事前に宮内庁からの依頼により佐藤正二大使が陛下への直接のご進講に参上し、さらに外務省の作成した「お言葉振り」も宮内庁から差し上げてあった筈である。しかし、当日の陛下は、それらをご参考にされながらも、ご自身のお言葉をかなり加えてご発言されたと言えるようである。それ故に、入江侍従長は「ハプニング」であったと正直な感想を記されたものと思われる。

また、鄧小平副総理にとっても陛下のお言葉は、予期以上に誠意と意義のあるご発言であり、「大変感動いたしました」との言葉を驚きも含めて即応的に自然に発したものと感じられたのである。

湯川式部官長が、何故鄧小平副総理の「感動」発言を記者に紹介されなかったのかは不明である。湯川式部官長が、陛下御引見の際に同席されていながら、その会談の内容を聞き間違えられたということはないと思われる。ご発言の順序を何故逆にして記者団に説明されたのかも不明ではある。

しかし、筆者があえて忖度させて頂くならば、陛下が過去の問題に触れたご発言を鄧小平副総理よりも先になされたということが、もしもそのまま新聞で報じられた場合には、日本国の「象徴」である陛下が、政治問題には触れないというお立場を超えられたとの疑問あるいは誤解を国内に与える恐れがある、と湯川式部官長がご心配されたのかとも思われる。

それで、陛下のお立場を国内的にお守りするためには、陛下のご発言と鄧小平副総理の発言の順序を換えて記者団に紹介すれば問題の起る恐れはないであろうと考えられたのかも知れない。

そして、その場合には、鄧小平副総理の「感動いたしました」との発言は、会話の中で入る場面がなくなってしまい、その発言の部分を除いたまま記者団に説明したため、結局は現在まで世には知られないままに過ぎた、とも解釈できるであろう。

しかし、当時日中国交正常化から未だ年月も浅く、不安定さの残る日中関係にあって、天皇陛下が、この意義ある条約締結の機会に、陛下として今後の日中関係の進展にできる限り真心を尽くそうとの真摯なご誠意からご発言された重みと意義のあるお言葉と、それに対する鄧小平副総理の、同様に意義ある反応の言葉とが、全く公表されないままに過ぎたのは非常に残念なことであった。

陛下のお言葉とともに、それに対して鄧小平副総理が即座に「陛下のお言葉に大変感動いたしました」と反応した劇的な場面こそは、陛下のご誠意が鄧小平副総理つまり中国側に対して確かに通じ、衝撃と感銘を与えたことを明確に示す証左であったと思われる。

従って、陛下のお言葉およびそれに対する鄧小平副総理の言葉が表には出されなかったとはいえ、日中間の真摯な心の結びつきが実際に築かれたというべき最高の意義は満たされたと考えられる。

この場面は、あえて言うならば、一九七二年に田中総理が北京で「ご迷惑」発言を行い、中国側の反発を一時招いたときに比して、日本側と中国側の立ち位置が全くの対等、ないしは、むしろ逆となる瞬間を生んだものとさえ感じられ、日本国および国民の象徴としての陛下のお人柄の偉大さを如実に示したものであったと思える。

入江日記に関して、関連のあるもう一カ所の記述について、読者のご参考までに、この機会に是非明らかに説明をさせて頂きたい。

すなわち、昭和五三年(一九七八年)の日中平和友好条約締結および鄧小平副総理の来日から六年後の昭和五九年(一九八四年)一二月の「年末所感」において、入江侍従長は、「鄧小平氏の時に、陛下が全く不意に『長い間御迷惑をかけました』と仰有り、それをうかゞつた鄧氏が非常に衝撃を受けたことを忘れることはできない」との記述がある。(74)

しかし、陛下が鄧小平副総理に「御迷惑」とのお言葉をご発言された事実は全くない。前述のとおり、陛下は

「一時不幸な出来事が……」とご発言されたのであったが、その際入江侍従長は、陛下の心の中には「ご迷惑をかけた」というお気持ちがあったに違いないと忖度されていたのではないかと思われる。

「一時不幸な……」との陛下のご発言は、入江侍従長にとり予想外の「ハプニング」であり、しかも、鄧小平副総理が、陛下の誠意に満ちたご発言を聞いて、思わず「感動いたしました」との言葉を発したという、余りにも劇的な場面であったため、入江侍従長は強い印象を持たれ、長年その印象を記憶に残しておられたと思われる。一九八四年は一九七八年から既に六年もの年月が過ぎていたためか、陛下のご発言については、実際のお言葉と忖度されたご発言とを混同されて「ご迷惑を……」と記憶してしまい、それを一九八四年の日記の「年末所感」に記されたものと解される。

実は、昭和五九年(一九八四年)は、韓国の全斗煥《チョンドゥファン》大統領が国賓として初めて来日した年であり、全大統領を陛下が御引見される際のお言葉については、鄧小平副総理来日の際の陛下のご発言記録をも参照しつつ事前の検討と準備が行われたと筆者は聞いた。

そして、一九八四年の入江侍従長の上記「年末所感」の記述内容の主要点は、全大統領の来日についての「結果も非常によく」との所感であった。その中の一節において、鄧小平副総理の来日時の回想にも触れた際に、あたかも陛下が実際に「御迷惑」発言をなされたように誤った記憶を記されたものと解することが出来る。

近年、研究者の中には、陛下が鄧小平副総理に対して「ご迷惑をかけた」との発言をされた、と論評に記している例があり、その根拠として入江日記の上記「年末所感」が挙げられている。筆者には、陛下がそのようなご発言をされた事実はないことを証言する義務があると考え、ここに実情を詳しく説明させて頂いた。

# 第8章　福田・鄧小平会談と諸行事の概要

## 1　第一回会談(75)

一〇月二三日(月)午後三時より五時まで、総理官邸小食堂において第一回福田・鄧小平会談が行われた。出席者は、日本側は福田総理大臣、園田外務大臣、安倍官房長官、佐藤駐中国大使、高島外務審議官、中江アジア局長、小和田総理秘書官、田島中国課長(筆者)、小原事務官(通訳)、中国側は、鄧小平副総理、廖承志副委員長、黄華外交部長、韓念龍副部長、符浩駐日大使、李力殷国務院弁公室副主任、沈平アジア司長、王暁雲同副司長、高建中礼賓司副司長、丁民日本処処長、王效賢同副処長(通訳)、孫平処員(記録)であった。

冒頭福田総理より、「この部屋は狭いとお感じであろう」と述べると、鄧副総理は、「自分はこの方が好きだ」と応じた。

次いで総理より、「批准書の交換を喜びたい。一行の来日を歓迎する。日中間には今世紀に不幸な事件が続き反省している。今後永遠に善隣友好関係で行きたいと願っている。日本は再び軍事国家にはならない。安全保持のためには、第一に、経済力で世界の平和と安定に努力する。第二に、いずれの国とも仲良くする全方位外交で行くが、等距離外交ではない。第三に、専守防衛の自衛力を持つと同時に日米安保条約で対処する。日中友好関係がアジアと世界の平和に貢献するように条約を運用したい」旨述べた。

これに対し、鄧副総理は次のように述べた。

「日本側の歓待に感謝する。福田総理の中日条約の意義の評価に全く賛成である。中日間の不幸な何十年かは歴史の挿話であり、共同声明により終止符が打たれた。今回の条約の発効は、過去についての事実上、法律上、政治上の総括である。中国にとっても日本にとっても相互の友好は必要である。中国は貧乏な隣人であるが何かの役には立つと思う。中国は日本の国策を理解している。日ソ関係には口を挟まない。

世界情勢は安定していない。緊張緩和も軍縮も見られない。日本だけが軍縮を実行した。二超大国は緊張を激化させ、軍備を拡張している。米ソ間では一九六三年、一九七二年、一九七四年と過去三回、戦略兵器削減交渉を行ったが、ソ連の核戦力は米国と同じ水準に伸びた。核の質の交渉がなされていない。戦争の危険はわれわれの前にある。しかし、先に延ばすことはできる。

中国が自衛隊の発展に賛成しているのも、そのような戦略に立っているからだ。ソ連は世界各地に手を伸ばしている。これに真剣に対処しなければならない。」

福田総理は、「貴副総理のお話は、世界の不安定要因は東西関係にあるということであると思う。同感であるが、西側諸国の心配は、さらに石油ショック以来の経済問題にある。日米欧が世界経済の安定のため努力している。わが国は、東南アジア諸国の経済面での自主的努力を助けたいと考えている。唯一の心配は朝鮮半島である。日中協力して平和統一の環境作りに努力したい」旨述べた。

さらに鄧副総理は、「西欧や日本が貧しい国の努力に協力することを中国は支持する。東南アジアは、日本に危惧を抱いている。日本がこの面で仕事をされることを願う。ベトナムの問題はわれわれの気がつかないことであった。中国は多くの援助を与えたが、ソ連に向いてしまった。ベトナムは東方のキューバである。ベトナムには、ソ連と付き合いをさせれば教訓を得るであろう。ベトナムを助けるために早く手を打っても仕方のないことである」旨述べた。

## 2　第二回会談(76)

一〇月二五日(水)午前一〇時より一一時二五分まで一時間二五分にわたり、総理官邸において福田・鄧小平第二回会談が行われた。出席者は第一回会談と同じであった。

福田総理より、「日本政府および国民の名において華国鋒総理の訪日を招請したい」旨述べたのに対し、鄧副総理より、「華国鋒総理に必ず伝える。中国政府と華国鋒総理は喜んで招待を受けると思う」と応えた。続いて鄧副総理は、「発言を言い直す。華国鋒総理に代わりご招待を喜んでお受けする。その方が明瞭で懸案事項にならなくて済む」と発言した。

次いで、鄧副総理より、以下のような発言があった。

「朝鮮問題について話したい。中国は一貫して朝鮮民族の自主的な平和統一を支持している。国際社会には朝鮮民主主義人民共和国が何か行動を起すのではないかと心配する向きがあるが、われわれはそのような心配はしていない。一つの国が二つに分裂している情況は、必ず改められると信じている。中国の問題も、必ず解決できる。米国と交渉中であるが、機が熟さなければゆっくり解決すればよい。西独と東独の問題もそうだ。一〇〇年で駄目でも一〇〇〇年で解決できよう。日本も一〇分の一あるいは一〇〇分の一の問題があるかも知れないが、日本国民の感情からして必ず解決できよう。中国は日本国民のこうした感情を一貫して支持している。

朝鮮統一の障害は、米軍が南に駐留していることだ。朝鮮戦争のときには中国の義勇軍が参加したが、義勇軍は名目であり、実際には中国が参加したということだ。米国が南から引き揚げれば、南北対話ができる。ソ連と朝鮮民主主義人民共和国との関係がうまくいっていない理由は明白である。ソ連はどこでも支配したがり、要求を呑まないと相手の首を絞めてくる。中国は十分にそれを体得している。ベトナムも同じ経験をするであろう。

朝鮮問題を解決するには未だ機が熟していない。中国は日本が朝鮮民主主義人民共和国との関係を緊密化するよう希望している。私の言ったことは正しいとは限らない。私は何でも率直に言う一兵卒である。」

ここで、注目されたのは、朝鮮半島の統一問題に関連して、台湾問題を「中国の問題」と言い、東西両独の問題に加え、日本の問題にも言及し、「中国は日本国民の感情を一貫して支持」と述べて、北方領土問題への日本支持をあらためて明らかにした点である。

続いて福田総理より、「南北朝鮮が統一されるべき点では意見が一致した。南北対話が重要である。日中条約を踏まえ、中国は北に日本は南に、それぞれ働きかける努力の可能性もあるのではないか」と述べた。

鄧副総理は、「北の立場は平和と自主である。中国は余り干渉したくない。ときには逆効果となる。北には、米軍撤退後に南北対話により朝鮮連邦の形で統一を図る構想がある。台湾問題について述べたい。台湾の祖国復帰は台湾の現実を考えてやる。日本方式がよい。それが中国の最大の譲歩である。武力解放しない約束はできない。これは内政問題だ。かえって平和統一が不可能になる恐れがある」旨述べた。

福田総理は、次のように述べた。

「日中条約により、政府レベルの往来が軌道に乗った。吊り橋が鉄橋になった。貴国は資源大国、日本は資源小国。貴国との協力を希望する。『四つの近代化』に対しては、軍事力の強化を除き貴国に協力したい。『四つの近代化』の達成に成功すれば、アジアの平和と発展、世界の安定と発展に重要である。その実現の成功を祈る。日中両国の相互理解と相互信頼を高めることが友好には必要である。その意味で、人の往来、文化交流の増加の確保が重要である。華国鋒総理の来日、私の訪中も意義を持つ。鉄橋が錆付くことは、絶対にあってはならない。そのために精神面での準備をしなければならない。内政不干渉が重要であるので中国側も注意して頂きたい。」

これに対し、鄧副総理は、次のように述べた。

「総理のお言葉に感謝する。要人の往来は重要である。境遇が異なるから見解が全部一致することはないが、今回の会談で根本的な問題についての見方は近いものであると確信できた。中国は『四つの近代化』達成後も貴国の協力が必要であろう。

中国も貴国の役に立たないということではなく、中国が発展すれば協力できる分野もさらに増えるであろうし、発展すればするほど中国の協力の重みが出てくると思う。総理と率直に意見交換ができて意義深いものであった。日本側の歓待に感謝したい。感銘を深くした。まだ話し合うべき問題があるが、外相間に任せたい。」

ここで、鄧副総理は思い出したような素振りで、「もう一点言っておきたいことがある。両国間にはいろいろな問題がある。例えば、中国では釣魚台、日本では尖閣諸島と呼んでいる問題がある。こういうことは今回のような会談の席上に持ち出さなくてもよい問題である。園田外務大臣にも北京で述べたが、われわれの世代では知恵が足りなくて解決できないかも知れないが、次の世代はわれわれよりももっと知恵があり、この問題を解決できるだろう。この問題は大局から見ることが必要だ」と述べた。

福田総理は、「世界の問題、日中間の問題につき率直に意見交換ができて嬉しい。大切なことは日中平和友好条約の精神を守り抜くことだ」と述べ、最後に、双方ともに「日中友好のために努力しよう」と述べ合った後、福田総理からさらに、上海での日本人二名の釈放に謝意を表し、会談を終了した。

## 3　視察・訪問等諸行事の概要

一〇月二三日(月)には、午後四時から鄧小平副総理夫人卓琳女史、廖承志副委員長夫人経普椿女史、黄華外交部長夫人何理良女史、韓念龍外交部副部長夫人王珍女史、および符浩駐日大使夫人焦玲女史の婦人方一行は、迎賓館の和風別館において、生花や茶道を鑑賞した。日本側は佐藤大使夫人および中島儀典長夫人が一行を接遇された。

生花の鑑賞には、草月流の勅使河原霞家元、谷林美枝子女史、藤原明子女史がデモンストレーターとして実演と解説に当たられた。また、茶室での茶道鑑賞には、裏千家の千宗室家元がデモンストレーターとして実演と解説に当たられた。

同日午後五時四五分から保利衆議院議長は、迎賓館「朝日の間」に鄧小平副総理を表敬訪問した。

同日午後七時三〇分から福田総理夫妻主催の歓迎晩餐会が総理官邸において開催され、盛大に和やかな雰囲気の中で行われた。

鄧小平副総理，田中角栄元総理を訪問．田中邸にて，1978 年 10 月 24 日．前列右より鄧小平副総理，田中元総理，廖承志副委員長，黄華部長．外交史料館所蔵(分類番号 2010-6217).

中国側の出席者は、鄧小平副総理夫妻、公式随員一二名、その他随員八名、記者二名、在京大使館員五名(陳抗参事官、梁畊参事官、呉新安参事官、李長清参事官、呉曙東参事官)であった。日本側は、閣僚から園田外務大臣、村山大蔵大臣、砂田文部大臣、中川農林水産大臣、河本通産大臣、福永運輸大臣、服部郵政大臣、稲村総理府総務長官の八名、および佐藤首席接伴員夫妻、中島儀典長夫妻、中江接伴員、松村接伴員、田島接伴員(筆者)の七名であり、小原事務官が通訳を務めた。

翌二四日(火)には、鄧小平副総理は、午前九時二〇分から田中角栄元総理を私邸に表敬訪問した。中国側は、廖承志副委員長、黄華部長、韓念龍副部長、符浩大使、通訳一名が随行し、日本側は佐藤首席接伴員、中島儀典長が案内した。田中邸では、田中元総理に加え、二階堂元官房長官が同席した。各紙には、面会の模様が和気藹々であった旨報道された。

次いで一行は、国会議事堂に向かい、衆参両院議長を表敬訪問。続いてホテルオークラに大平元外相を訪ね、挨拶。午前一一時一五分から衆参両院議長主催の国会関係歓迎レセプションが衆議院議長公邸で開催された。

午後は、神奈川県の日産自動車座間工場を視察、日産の川又克二会長、岩越忠恕副会長、石原俊社長、大熊政崇副社長を初めとする役員および技術者等が総出で出迎えた。工場の現場では、何十台ものロボットが自動的に組み立て作業を進める工程を、種々の質問をしながら真剣な眼差しで見学。最後に川又会長より、歓迎の挨拶とともに日産乗用車一台の寄贈が行われた。

夕刻には迎賓館において日中関係各団体代表者の表敬を受け、懇談。続いて、ホテルニューオータニでの日中関係団体主催の歓迎レセプション。藤山愛一郎日本国際貿易促進協会会長が祝賀と歓迎の挨拶、茅誠司日中協会代表世話人が乾杯の挨拶をされた。

翌二五日(水)には、午前一〇時より、総理官邸において第二回福田・鄧小平会談が行われた。正午一二時から、ホテルニューオータニにおいて経団連、日本商工会議所、日経連、同友会など経済団体共催の午餐会が開催された。夫人側に対しては、福田総理夫人主催の昼食会が料亭吉兆で開催され、日本の伝統的な懐石料理がもてなされた。その後、夫人方は番町小学校を訪問。

午後四時から五時まで、日本プレスセンターにおいて記者会見が行われた。これは中国政府首脳による外国での最初の記者会見であり、注目された。

そこでの鄧小平副総理の発言は、当日直ちに各紙、テレビ等で詳しく報道された。発言内容は、その後の多くの文献資料に掲載されているとおりである(77)。

中国の内外政策、日中関係、日中条約の意義などについて、時にはユーモアも交えながら率直に発言し、記者団からの質問に対しても、明確に丁寧に応答し、中国自身の将来の展望について自信に溢れた姿を見せた。それは、正に中国の最高指導者であり、実力者であるとの強い印象を与えるものであった。

ただし、そこでの尖閣諸島問題についての質問に対する応答ぶりは、同年八月の北京での園田・鄧小平会談における発言に比し、記者会見という場でもあったためか「棚上げ」のみの言及に終わり、「中国政府としては問題を起すことはない」との重要な発言を欠いたものであった。

午後五時半からホテルニューオータニにおいて在日華僑との茶会があり、在日中国人社会から歓迎と条約締結への祝意を受けた。午後七時半から、同じくホテルニューオータニにおいて鄧小平副総理夫妻主催の答礼晩餐会が開催され、日本の政官界、経済界、文化界、友好団体代表者および中国人社会代表者などが多数招待され盛大であった。

一〇月二六日(木)には、鄧小平副総理一行は、午前八時半に迎賓館を出発し、九時半より千葉県の新日鉄君津製鉄所を視察、世界最高水準の溶鉱炉を見学し、稲山(嘉寛)新日鉄会長の説明を熱心に聞き入った。その後迎賓館に戻り内輪の昼食。中国側がこの時に得た印象から、中国宝山製鉄所建設への支援要請に繋がったのであった。

昼には迎賓館内の和風別館において、園田外相夫人主催の午餐会が夫人方を招待して開催された。

午後、保利衆議院議長が迎賓館を訪問、鄧小平副総理へ歓送挨拶。午後二時一五分、福田赳夫総理夫妻が迎賓館を訪問、符浩大使および中島儀典長の出迎えと案内を受け、「朝日の間」において鄧小平副総理夫妻に歓送の表敬をされた。公式随員も接伴員の案内で「朝日の間」に入り、福田総理夫妻にお別れの挨拶をした。二時三〇分に福田総理夫妻は退出された。

鄧小平副総理一行は、午後三時一二分発の新幹線で東京駅を出発、六時〇三分京都駅に到着、直ちに宿泊先の都ホテルに向かった。

新幹線の車中で、同行の新聞記者から新幹線の印象はと問われたのに対し、鄧小平副総理は、「まるで首の後ろから金鎚で打たれているような凄い速さを感じる」と答えた由であり、それが隣の車両で同行していた筆者および記者等同行者に伝えられた。鄧小平副総理に通訳として終始随行していた外交部王效賢女史が、後年来日した際の講演で述べたところによれば、鄧副総理はさらに続けて、「これは現在われわれに求められているスピードだ。現代化が何であるか分った」と記者団に答えた由であった。(78)

東海道新幹線に乗車して京都に向かう鄧小平副総理．1978 年 10 月 26 日．外交史料館所蔵(分類番号 2010-6217)．

午後八時より、料亭「つるや」において首席接伴員佐藤大使主催の非公式晩餐会が行われ、園田外務大臣夫人も出席されて、卓琳女史等夫人方の接遇に努められた。

一〇月二七日(金)、一行は、午前一〇時に都ホテルを出発、御所と二条城を訪問。正午に「嵐亭」で昼食、その後修学院離宮を訪問し、都ホテルに戻った。

午後七時三〇分より、都ホテルにおいて京都府知事、京都市長、および京都商工会議所会頭共催の晩餐会が開催された。

唐招提寺を訪問した鄧小平副総理. 1978年10月28日. 外交史料館所蔵(分類番号2010-6217).

翌二八日(土)、一行は、午前九時三二分京都発の近鉄特別列車で奈良に到着した。先ず東大寺を訪問、次いで奈良ホテルにおいて奈良県知事、奈良市長共催の午餐会に出席した。奈良ホテルで休息後、午後二時二〇分から約一時間、唐招提寺を訪問し、奈良時代に中国より九度の渡日の試みに失敗後、一〇度目でようやく渡航に成功して日本の土を踏み、仏教の伝播と普及に努めた高僧「鑑真和上」の像を拝謁した。

午後四時二〇分より、松下電器茨木工場を視察し、松下幸之助会長から家電事業の説明を熱心に聴かれた。鄧小平副総理が松下会長に対し、「中国の近代化のためにどうぞ助けて下さい」と発言され、松下会長は即座に「結構です。分りました」と応じられていた会話の模様が、一行に随行していた筆者には非常に印象的であった。周知のとおり、松下電器産業株式会社(現パナソニック)は、その後率先して中国への経済支援に努力した。

続いて一行は、大阪に向かい、夕刻大阪ロイヤルホテルに到着した。午後七時三〇分より、大阪ロイヤルホテルにおいて大阪府知事、大阪市長、および大阪商工会議所会頭共催の晩餐会が開催された。

一〇月二九日(日)最終日には、一行は、午前中造幣局を視察後ホテルで暫時休憩し、正午より「今橋つるや」において関西財界人との昼食懇談会に出席。夫人方には、園田夫人主催により、「高麗橋吉兆」において昼食会が催された。

鄧小平副総理一行は、滞日中の全日程を無事、成功裡に終了し、午後五時に大阪国際空港を特別機で出発、帰国の途についた。園田外相夫人、符浩駐日大使、佐藤首席接伴員夫妻ほか接伴員全員および関西関係代表者等が見送りを行った。

# 第9章　条約締結および鄧小平来日の意義

## 1　日本側から見た意義

先ず、日中平和友好条約の批准書が交換され、同条約が発効したことにより、日中間の友好協力関係を維持し、発展させる精神的、法律的および政治的基盤を、日中共同声明と併せて完成させることが出来た。福田総理は、条約調印により「日中両国間の吊り橋が鉄橋になった」と評した。

この条約により、日中関係が安定したため、日本の外交の幅が広くなり、福田総理の言われる全方位平和外交をより柔軟に実行できる基盤が出来た。

この条約の交渉中には、日本外交の基軸たる日米関係の強化にも努め、日本の対中関係改善への努力に対し米側からの賛意と激励を得たこと、ソ連から執拗な圧力を受けながらも、日本側はそれを忍耐強く切り抜けて、対ソ関係の平静化を確保したこと、同時に東南アジアとの関係改善にも「福田ドクトリン」を通じて成功したことなどにより、日本外交としては、アジア・太平洋地域の安定化ひいては世界の平和と発展へ貢献し得る道筋を開くことに成功した。

次に、天皇皇后両陛下の鄧小平副総理夫妻への御引見が行われ、天皇陛下のお人柄とお言葉が、中国の実質的最高首脳である鄧小平副総理の心を打ち、感動させた。それは、中国側の天皇陛下および日本に対する見方を強力に改善させ、両国の信頼関係を築くうえで歴史的に意義のある貴重な貢献となった。中国の『人民日報』紙も御引見を大きく写真入りで報道し、過去に終止符を打つ日中関係の新たな時代を、中国国民にも象徴的に印象づける効果があったと思われる。

第三に、福田総理と鄧小平副総理との会談が、友好的にかつ忌憚なく行われたことは、両国首脳間で初めての直接の意思疎通の機会であり、政府ベースの意見交換の道が明確に開かれたことを意味するものであった。これにより、民間ベースの接触が主流であったそれまでの過去の情況から脱却することができたと言える。園田外務大臣は、廖承志副委員長、黄華外交部長と別途夕食会の席上で意見交換を行い、両国総理の相互訪問を約束するなど、今後の政府間チャネルの重要性が確認され、両国間の正常な関係が築かれることとなった。

第四に、鄧小平副総理の来日は、国交正常化後の中国首脳の初めての来日であり、首脳自身が日本の経済発展および社会の情況を直接視察したことは、中国が「改革開放」政策を進めるための刺激と端緒を与えるという大きな意味があった。鄧小平副総理の要請に応じて、日本の経済界の主要な指導層が中国支援を約束したことは、その後の中国の経済発展に対する日本の官民挙げての幅広い協力が大きく進展する契機となった。

第五に、鄧小平副総理一行の動静は、連日国内各紙およびテレビで報道され、鄧小平副総理の訪問先での発言は、日中両国の共通点を強調し、中国が日本に学ぶ必要性を強調するなど、その謙虚で低姿勢な態度ならびに率直で飾り気なく、しかもユーモアに溢れた人柄は、日本人の中国に対する親近感を深め、そのイメージを改善する大きな役割を果した。

第六に、一行が日本の各地、各界の状況をつぶさに見聞し、その詳しい模様が衛星中継で中国国内にも広く報道されたことは、中国の一般国民の日本に対する理解を相当に深め、かつ改善する効果を与えたものと期待された。

## 2　中国側の成果

中国側は、鄧小平副総理訪日の主要目的として、条約批准書の交換、福田総理との会談、日本側朝野の古い友人への再会訪問、日本の産業発展の実情視察の四つを挙げていた。それらはすべて予期通り、あるいは予期以上の成果を挙げたものと思われる。

それに加えて、天皇陛下の御引見と会談は、鄧小平副総理に予期以上の強い印象と感銘を与えたものと見られる。記者会見において、鄧小平副総理は、天皇皇后両陛下に丁重な歓待を受けたことに感謝する旨述べ、陛下とはお互いに過去についても話したことに言及して、陛下が過去より未来に目を向けていることに注目し、条約調印に関心を寄せていた点に非常に満足している旨述べた。これは、鄧小平副総理が陛下のお言葉より受けた感動を忘れられない記憶としていることを示唆すると解された。

総じて、日本における諸行事は、いずれも円満かつ成功裡に進行し、一行は連日の日本政府および民間各界の歓待を受けて、大きな満足と感激の念を持って帰国した。それは、鄧小平副総理が帰国時に空港で、見送りの園田夫人および佐藤大使夫妻に対して、日本側の接遇に「満足以上の念」を持っている旨述べたことにも現れていた。このような鄧小平副総理訪日の成功により、鄧副総理の権威と地位は強化され、中国の近代化推進の方針が確固たるものになる効果を持つこととなった。

鄧小平副総理の通訳を務めた王效賢女史は、後年の来日時の講演で、「訪日の時期は、ちょうど一九七八年一二月一八日に開催される中国共産党第一一期三中全会の前夜に当たっていたので、鄧小平副総理は、日本の進んだ技術と経験を学ぶため、三カ所の大企業を視察訪問した。その印象として、鄧小平副総理は、日本の日程は分刻みであるのに、中国の日程は午前と午後に分れているのみだ、と述べ、そのスピードの差に驚きと感銘を深くしていた」との回想を紹介した。

すなわち、この訪日は、周知のとおり、鄧小平副総理の帰国直後の共産党中央委員会において、中国の「改革開放」政策が決定される契機を作るという重要な成果を生んだ。

## 3 鄧小平発言の評価と注目点

日本滞在中の鄧小平副総理の、天皇陛下の御引見、福田総理との首脳会談、記者会見、工場視察、関西訪問その他を含む訪問各地での発言は、日中友好協力関係の発展を期待しそれを目指す姿勢を明確に示し、国際情勢についての見解を表明する場合の態度は、穏やかで丁寧であり、日本側との共通点を強調しようとの配慮に満ちたものと窺われた。

例えば、ソ連を正面から非難することは避け、他国の対ソ関係に干渉する考えはないと述べ、「ソ連の覇権主義」との名指しの発言は全くなかった。これは、日本側に気を使った政治的外交的な態度であった。

また、米軍が朝鮮半島から撤退しても、米国がアジアの安定に果す役割に大きな影響を及ぼすことはないのではないかと穏やかな表現で見方を示したことも注目された。ただ、これは、一九七一年にキッシンジャーが訪中した際、日米同盟は中国にとって害はなく、むしろ有益である旨中国を説得したとの経緯が想起される発言でもあった。

台湾については、武力解放をしないとの約束はできないとしたが、台湾の現実を尊重するとの考えを強調していた点が注目された。

欧州に対しては、中国への経済援助で日本と競争して欲しい旨発言し、近代化のために中国としては多くの国からの支援を歓迎するものであり、過度に日本に依存する考えのないことを示唆したのも、堅実で現実的な態度を示しており、興味深い点であった。

日本に対しては、全方位外交および日米安保条約維持に理解を示し、自衛力増強にも支持の姿勢を明らかにした。また、「四つの近代化」への協力要請を述べ、内政不干渉を確認し、政府間の率直な意見交換を行っていくことを評価する旨述べるなど、現実的で合理的な態度を示した点も注目された。

そして、「中国は貧乏な隣人である」、「顔が醜いのに美人のようにもったいぶることはできない」などユーモアを交えた率直で謙虚な発言を行った。ただ、同時に「中国も何かの役に立つかも知れない。中国が発展すれば協力できる分野が増え、発展すればするほど中国の協力の重みが出てくると思う」と述べ、中国としての自尊心と将来への自信を含む積極的な姿勢を示したことが注目された。

尖閣問題については、「中日友好を望まない者がこの問題を取り上げようとするのであって、次の世代に任せればよい」との趣旨を繰り返し述べた。

## 4　一行の動静とエピソード

鄧小平副総理の東京での記者会見は、共産圏の要人としては初めて外国で公開の内外記者会見に臨んだ例となったので注目された。当日は、外国人記者を含む二〇〇人以上の記者団が出席したが、鄧小平副総理は持ち前の闊達な弁舌をふるい、出席した記者側からのすべての質問に丁寧に応え、中国の最高首脳としての強い印象を与えた。

鄧小平副総理以下の対日関係指導者トップ四名すべてが夫妻で来日したことは、史上初めてである。各夫人方は、共に夫人プログラムに従って順調に行動し、友好親善の実を挙げた。そして、それぞれの服装は人民服ではなく、ブラウスにズボンまたはスカートの洋装であり、しかも毎日服装を替えていた。ハンドバッグも高価そうなものを持ち、行事に応じ替えていた。

一行の中に、トンボメガネをかけ、当時では香港などの中国女性が着るような、明るい色のスーツを着た女性が秘書の肩書きで参加していた。その女性の顔立ちは、鄧小平夫人卓琳女史によく似ており、一行の他のメンバーとは離れて卓琳女史と極めて親しそうにしていたこともあり、鄧小平副総理夫妻の末娘ではないかと思われた。

鄧小平副総理は奈良において、奈良ホテルでの午餐会に出席する間際に、その隣室で行われていた結婚披露宴に突然飛び入りで参加し、新郎新婦と握手を交わし祝福するなど、自由で屈託のない性格を示した。このように、鄧小平副総理は周囲の情況への反応が素早く、周囲の人々の雰囲気を和やかにさせることに常に優れていた。

造幣局では、記者団との会見で「たばこは国家財政の見地からは国営企業にしておくのが最も賢い。たばこ飲みは灰皿に直ぐ気がつく」などと述べながら周囲を笑わせた。記念撮影に移ると、直ぐさま「日本でも写真撮影はまだ自動化されていないのですね」と言ってカメラを構え、撮影中の記者団を笑わせた。松下電器への訪問では、松下幸之助会長に「中国の近代化のためにどうぞ助けて下さい」と率直に丁重に要請していた真剣な姿は既述のとおりであり、印象的であった。

以上のように、日中平和友好条約の締結、ならびにそれに伴う中国側の最高首脳および対日関係主要幹部の来日は、日本側と中国側それぞれに対し、多くの重要な意義と和やかでユーモアに富んだ会話、行動・行事等の成果をもたらしたものであった。

# 第10章　日中平和友好条約の長期的意義と戦略的互恵関係

この回想記は、日中平和友好条約が締結後四〇周年を迎えた年に書き上げたものであり、条約締結交渉が行われ、交渉が妥結した時期を振り返りつつ筆者の記憶とメモを中心に記録したものである。しかし、締結後四〇年を過ぎる間には国際情勢が大きく変化していると同時に、日中両国の国内情勢にも諸種の変化があり、日中関係には山あり谷ありの経過があった。そのような現在、改めて同条約のこれからの意義を考える必要があると思われるので、ここに僅かながらの卑見を書き加える。

## 1　日中平和友好条約の主要点と意義

同条約の主要点は、第一に、「日中相争わず」である。それは、平和五原則として、また国連憲章の原則として、世界に認められている国際関係の原則でもある。第二に、「覇権反対」である。これは、日中共同声明で既に唱えた原則であるが、「覇権」行為がある場合には、アジア地域のみではなく、世界の如何なる地域であっても、如何なる国または集団であっても、反対することを明確にした。第三に、日中両国ともにそれぞれが「第三国に対しては独自の外交を行う」ことを確認したことである。

このような主要点を記した日中平和友好条約の意義は、第一に、日中共同声明と併せて言えば、日中関係を平和で友好的に発展させるために両国が遵守すべき政治的、法律的、精神的に最も重要な二つの基盤を構築したことであろう。

第二には、日中関係が安定する基礎が出来上がったために、前章でも触れたように、日本外交の幅が広がり、全方位平和友好外交の方針の下に、地域および世界の平和と繁栄のために、より自由に柔軟に活動できる基盤を備えることが出来たことであろう。

確かに、その後の両国関係は、このような二つの基盤の上に大きく進展して来た。しかし、それは決して平穏なものではなく、山あり谷ありの道でもあった。

その原因として、国際情勢の変化、国内情勢の変化、相互理解と信頼の欠如等が挙げられよう。そこで両国政府は、より具体的に協力関係を発展させるために、一九九八年の「日中共同宣言」、二〇〇八年の「日中共同声明」および二〇一四年の「四項目合意」を作成した。それらは、上記の二つの基盤文書と併せて四つの「政治文書」と一つの「四項目合意」と呼ばれ、両国が「戦略的互恵関係」を実現するための基本文書とされている。

## 2 日中間の留意すべき溝

これまでに起きた日中間の大きな問題を見ると、両国間には三つの深い溝があることに留意させられる。それは第一に歴史問題、第二に台湾問題、第三に尖閣諸島問題である。

第一の歴史問題は、これまでに歴史教科書問題、あるいは靖国神社参拝問題として大きく表面化した事例が想起される。

この問題については、日本側が中国側からの不信や反感を生まないよう十分に留意し続ける努力が極めて重要であると思う。それは、日本が大戦中に中国に対して如何に大きな損害を与えたか、中国の大多数の国民には今でも忘れられない長年の苦痛と恨みの過去があったことを、日本政府および国民は深く認識し、理解し、その言動に留意すべきである。

中国政府は、国交正常化の際に、中国国民の根強い反対を抑えるため、悪かったのは日本の軍国主義者達であり、一般国民は犠牲者であったと説得した経緯があったと聞く。そのような経緯への認識と理解を欠く一部の日本の政界指導者層の言動が問題であり、中国側に日本に対する不満と不信感を深く抱かせる結果を生み、政治問題化したと理解すべきである。

第二の台湾問題については、日台間に歴史的社会的に深い関係が残っている現実があるため、中国側から見たときには、政治的な疑念または不満を抱く場合があるように見られる。経済面および文化面において日本と台湾との間に協力関係が維持、発展することには問題はない。日本政府は、日台関係については日中共同声明による約束を守る方針である旨繰り返し表明している。従って、政治的に大きな問題は起り得ない。台湾に関する問題は、時に日中間で意見交換を行い、不要な誤解を避けることが有用と思われる。

第三の尖閣問題は、主権に係わる敏感な領土問題であるため、直ちに簡単に解決することは期待できないように見える。

日本政府は尖閣の問題はないとの立場であるが、中国は異なる立場を表明しているので、その解決は、日中平和友好条約に規定されているように、平和的手段で行うことが両国の責任と義務であろう。平和的な話し合いで解決が難しい場合には、知恵が出るまでこの問題には双方ともに触れないでおく、すなわち静かに現状のままにしておくということであろう。

日本国民は元来、中国に対して、歴史的な長年の交流時代を基礎とした好意と敬意を持っており、仲良くしたいと思っている。従って、大局的観点を持ち、互恵と忍耐の道を両国がお互いに採るならば、緊張がほぐれ、平静な雰囲気の下で、多くの分野において協力・協調関係が進展することは間違いないと思う。それは、地域および世界の安定と繁栄の増進にも貢献することと評価されよう。

## 3　日中平和友好条約と戦略的互恵関係実現への期待

日中両国政府は、最近では円滑な日中関係を築くためお互いに具体的に積極的な努力を進めていると見られる。日中間の首脳・外相会談の実績が増えつつあり、李克強総理の来日、安倍晋三総理の訪中、習近平国家主席の来日などが実現しつつある。さらに諸種の国民交流を増進させて相互理解を強化する施策等も実行されつつある。

現在中国は、「中国の夢」として「中華民族の偉大なる復興」を掲げ、その実現のために建党百年と建国百年を目標とする「二つの百年政策」を唱えている。

二〇一七年の中国共産党第一九回全国代表大会においては、「習近平による新時代の中国の特色ある社会主義思想」が「中華民族の偉大なる復興を実現するための指導理念」として党規約に明記され、二〇一八年の全人代では、上記の「思想」が憲法にも追記された。また、党大会では「社会主義現代化」の目標の前倒し、また、今世紀中葉までに「社会主義現代化強国」を建設、との新たな目標が決定された。さらに、「美しい中国」の建設、平和的発展による新型国際関係の構築、人類運命共同体の構築、脅威とならず、覇を唱えず、拡張しないことが表明された。

また、中国は、戦略的対外政策として、二〇一三年以来「シルクロード経済圏」を建設する「一帯一路」構想を唱えている。それは、国家間政策の共通性、交通インフラ、貿易と投資、通貨の兌換性と決済範囲、人的交流等の五分野を含み、周辺諸国との利益共同体、運命共同体を目標としている。米国や欧州とも協力し、平和的発展の戦略的構想として、資金調達のため「アジアインフラ投資銀行(AIIB)」を設立した。それに東南アジア・欧州諸国も参加を表明し、中国は日本の参加も期待している。

「一帯一路」により、中国は既に多くの拠点を設け、港湾、高速鉄道等への巨額投資を実行している。しかし、インフラ整備は多くが中国主導で行われるため、関係国からは透明性を求める声が出ている。東南アジアは構想を支持しているが内心は不安を持ち、期待と懸念が交錯していると言われる。

日本は世界の安定と繁栄のために、これまで長年にわたり途上国への経済協力を初め大きな貢献を行って来ており、それは世界からも認められている。このような事実に日本政府および国民は自信と誇りを持つべきであり、そのうえで日本の持てる諸分野の能力を対中関係においても積極的に活用して、「一帯一路」への協力を含め、日中関係の改善と発展を図るならば、地域と世界の安定と繁栄への貢献に繋げる道を広げることが出来るのではなかろうか。

日本は安倍総理が、二〇一七年六月に、透明で公正な調達や借入国の財政への配慮などの条件が整えば、日本としても「一帯一路」構想を進める中国とも協力できると述べ、支持を表明した。東南アジアには、日本がこの地域でもっと独自の役割を果して欲しいと望む声が強いとも伝えられる。また、「シルクロード」は、例えば正倉院の宝物等からも分るように、歴史的には日本の奈良まで続いた交易路であったという面もある。

日本が「一帯一路」を日本企業の海外進出への新たな機会として前向きに活用する道を考え、企画や技術面を中心に参加し、中国とともに東南アジア諸国との協力・協調関係を進めるならば、参加各国に公正な相互利益をもたらすものとの印象を与え、世界からも歓迎され評価されると思われる。

同時に日本は、二〇〇七年に安倍総理がインド国会で「インド太平洋 二つの海の交わり」に注目する演説を行い、また二〇一三年にはインドネシアで「開かれた海の恵み」と題する演説を予定し[79]、それが発展して「自由で開かれたインド太平洋戦略」を唱えるに至った。これは米国を初めインド洋太平洋地域の国々から強い支持を得つつある。海賊、テロ、自然災害等の脅威を除き、安定と繁栄をもたらす海洋秩序を維持し、強化を図る戦略であり、中国からも協力を得たいとされている。

すなわち、「一帯一路」構想と「自由で開かれたインド太平洋戦略」は共通点のある、日中両国が相互に協力できる戦略的構想であると理解できよう。

世界第二位の経済大国中国と第三位の経済大国日本とが、共に知恵を出し合い、協力し合い、共同で発展することは可能であるのみならず、それは、米国、欧州、アジア諸国ならびに中東やアフリカ等、世界の平和で安定した繁栄の推進にも貢献することになろう。それこそが日中平和友好条約の精神に沿った道のりであると思う。それは、「日中両国共通の夢」の実現であるとも言えよう。一歩一歩と着実に進めば、実現できる夢であると信じたい。スケール大きく、夢を大きく持ち、日本の将来を大きく描くべきではないかと思う。世界は進んでいる。中国も進んでいる。日本も進まねばならないと思う。

さらに、加えれば、周恩来総理が述べたと言われる「中日両国が協力すれば両国は栄え、相争えば共に傷つく」との言葉を常に忘れずに両国が実行することが基本であろう。

## 注

（1）　覇権条項とは、日中共同声明第七項に「日中両国間の国交正常化は、第三国に対するものではない。両国のいずれも、アジア・太平洋地域において覇権を求めるべきではなく、このような覇権を確立しようとする他のいかなる国あるいは国の集団による試みにも反対する」と記されたものと同じ条項を、平和友好条約にも入れる案文を中国側が提示していたことを指す。当時中国はソ連を覇権主義であるとして強く批判していたので、日本側は日中条約締結により中ソ対立に巻き込まれることのないように慎重な態度をとった。

（2）　「第七六回国会参議院予算委員会会議録第八号」一九七五年一一月七日、「国会会議録検索システム」（http://kokkai.ndl.go.jp/（二〇一八年四月三日閲覧））。

（3）　福田総理は、自伝『回顧九十年』（岩波書店、一九九五年）の中で、「閣僚の選考に当たって、特に意を用いたのは外相人事である。私は、福田内閣のスタート当初から日中平和友好条約の締結を実現しなければならないと考えていた。そこで〔中略〕わが国と当時のソ連との関係を悪化させないことである。〔中略〕ソ連が『親ソ的な人物』として評価していた鳩山一郎氏の長男である鳩山威一郎氏を外相に起用した。日中平和友好条約の締結はソ連との敵対関係を生み出すことを意図するものではない、というサインをソ連に送ったわけだ」（二二七―二二八頁）と書いている。

（4）　中国課はモンゴルも担当する課であるが、当時は課名には入っていなかった。

（5）　「引き継ぎ」とは、中国課長として必要な重要文書の引き渡しを受けて、それらを保管または所持して連日その中の必要部分を読むなり処理するなど活用することである。それに加えて、課内の首席事務官および個別の担当官から必要事項や各担当事項について個別に説明を受けることもある。

（6）　「私信」は公式の様式による書信または電報ではなく、簡単な業務連絡を私的な形式で送受する書信のこと。「連絡信」とも言う。

（7）　「第八〇回国会（常会）施政方針演説」一九七七年一月三一日、データベース「世界と日本」（以下、DB「世日」と表記）（http://worldjpn.grips.ac.jp/（二〇一八年四月六日閲覧））。

（8）　小川大使発外務大臣宛電信、一九七七年二月一五日、情報公開法に基づき開示された外務省文書（2013-768-10）

〔以下、「外情」と表記。カッコ内は請求年―請求番号―文書番号〕。
(9) アジア局「日中平和友好条約交渉について」一九七七年二月二一日、外情(2013-768-1)。
(10) 外務省編『わが外交の近況』第二二号(一九七八年版)(http://www.mofa.go.jp/mofaj/gaiko/bluebook/〔二〇一八年四月六日閲覧〕)。
(11) 「第八四回国会参議院本会議会議録第三号」一九七八年一月二一日、前掲「国会会議録検索システム」。
(12) 外情には、「日中平和友好条約について」と題する文書が第一案(七月五日付)から第五案(七月二五日付)まで確認できる。
(13) 「日中平和友好条約についての外務省の見解(案)」一九七七年七月三〇日、外情(2013-769-9)。
(14) 外情には、「日中平和友好条約交渉の段取りについて」が第一案(七月一八日付)から第三案(七月三〇日付)まで確認できる。
(15) 「日中平和友好条約交渉問題についての当面の対処方針(案)」一九七七年八月二日、外情(2013-769-10)。
(16) 「日中条約打開　国連の場でメドさぐる　条件は整ったと判断　外務省首脳」『朝日新聞』一九七七年八月一〇日。
(17) この際の園田・符浩会談記録には、園田官房長官の発言として次のような部分がある。「この問題について、総理と外務大臣と自分(官房長官)との間の食い違いはなく一致している。〔中略〕今日においては、同条約をやるかやらないか、或いは何時やるかという段階ではなく、どうやるかという手順、方法、特に国内対策につき具体的に話をしている段階であり、そう長くない将来そうなると思う」。中国課「園田官房長官、符浩大使会談記録」一九七七年九月三日、外情(2013-769-14)。
(18) 『朝日新聞』一九七七年九月一一日。
(19) 中国課「日中平和友好条約交渉問題に関する総理との打合せ(記録メモ)」一九七七年九月二二日、外情(2013-769-19)。
(20) これは当時、途上国協力要請を受ける必要条件であった。
(21) この頃、連日のように、様々な新聞・雑誌の論説や論評記事などを通じて、研究者・学者・評論家などの積極論や慎重論等が多く見られた。
(22) 外務省「日中平和友好条約交渉の今後のとり進め方(案)」一九七七年一〇月二〇日、外情(2013-770-1)。
(23) 中国課「有田次官の保利議長訪問」一九七七年一〇月二〇日、外情(2013-770-7)。
(24) 中国課「有田次官と二階堂議員との会談」一九七七年一〇月二一日、外情(2013-770-8)。
(25) 「廖承志会長との会談記録」〔作成日付不明〕、外情(2013

-771-6)。
(26) 中国課「日中条約に関する大臣室会議(総理への報告前)」一九七七年一二月二〇日、外情(2013-771-13)。
(27) アジア局「日中平和友好条約締結の意義及び諸利点(案)」一九七七年一二月一五日、外情(2015-288-41)。
(28) アジア局「日中平和友好条約締結交渉の手順、段取り(案)」一九七七年一二月二〇日、外情(2015-288-40)。
(29) 在中国大使館「廖承志会長との会談記録」一九七八年一月八日、外情(2013-771-19)。
(30) 中国課「総理私邸における協議(メモ)」一九七八年一月一三日、外情(2013-771-20)。
(31) 「第八四回国会(常会)施政方針演説」、前掲、DB「世日」。
(32) アジア局「今後の交渉を促進する方策(案)」一九七八年一月二五日、外情(2013-771-21)。
(33) 中国課長「廖承志より園田大臣への連絡」一九七八年二月八日、外情(2013-773-4)。
(34) 在中国大使館「韓念竜外交部副部長との会談記録」一九七八年二月一四日、外情(2013-773-9)。
(35) アジア局「日中平和友好条約交渉対処方針(案)」一九七八年二月一六日、外情(2013-773-11)。
(36) 中国課「竹入委員長及び矢野書記長の福田総理往訪(メモ)」一九七八年三月八日、外情(2013-773-26)。
(37) 中国課長「丁民日本課長代理との意見交換」一九七八年三月一六日、外情(2013-773-29)。
(38) 上記のような経緯を経た裏には、福田総理の自伝『回顧九十年』三〇二—三〇三頁に書かれている次のような福田総理の強い意志と信念があったように思われる。「一、すべての国との平和友好関係を求める、との我が国外交の基本的立場——全方位平和外交をあくまで貫徹する。つまり、ソビエトを意識した内容にしない。二、反覇権条項、特にいわゆる第三国条項については、上記の基本的立場が一点の疑いをも残さない形で明確にされる必要があり、いわゆる玉虫色の決着は許されない。」
(39) 「田島メモ」に対する慎重派議員の反発については以下が詳しいが、その二一二頁に「田島高志中国課長」とあるのは誤りで、「中江要介アジア局長」が正しく、「田島」とあるのも誤りで、「中江」が正しい。永野信利『天皇と鄧小平の握手』(行政問題研究所、一九八三年)二一二—二一四頁。
(40) 中国課「外交調査会・外交部会合同会議概要(メモ)(午前の部)」一九七八年四月一一日、外情(2013-779-4)。中国課「自民党外交調査会・外交部会合同会議第三回会議要録(午後の部)」一九七八年四月一一日、外情(2013-779-5)。
(41) 在中国大使館「佐藤大使・韓念龍外交部副部長会談記

録」一九七八年五月三一日、外情（2013-780-4）。

（42）坂本ＮＨＫ会長と鄧小平の会談は外務省文書では次のように記録されている。「条約については、坂本会長より、『そろそろ交渉が始まるようであるがどうですか』と問うたのに対し、鄧小平より、『それは大使がよく御存知です』と答え、更に同会長より『今後の経過をどうみるか』と質問したのに対し、（張香山の方を見ながら張が一秒一秒と言ったのを聞いて）『前に述べたように、福田総理が決断されれば、一秒で済む問題です。中国側は交渉を歓迎します』と述べた。」中国課「ＮＨＫ訪中団団長坂本会長と鄧小平副総理との会談（在中国大使よりの電話連絡）」一九七八年六月五日、外情（2013-777-9）。

（43）アジア局中国課、条約局条約課「交渉方針検討会用メモ」一九七八年六月八日、外情（2013-772-8）、「冒頭見解表明要旨案」（作成日付不明）、外情（2013-780-6）。

（44）佐藤大使発外務大臣宛電信、第一二〇三号、一九七八年六月三〇日、外情（2013-780-16）。

（45）日中平和友好条約交渉での事務レベル協議の文書は、外情が、現在ウェブ上で公開されている。佐藤大使発外務大臣宛電信、第一三七一号「日中平和友好条約交渉（第一回会談）」、前掲、ＤＢ「世日」。

（46）「冒頭見解表明要旨」（作成日付不明）、外情（2013-780-23）。

（47）「指導者」とは中国語「領導」の訳語であり、中国が総理または閣僚を指す場合の常用語。

（48）佐藤大使発外務大臣宛電信、第一三八四号「日中平和友好条約交渉（第二回会談）」、ＤＢ「世日」。

（49）佐藤大使発外務大臣宛電信、第一三九六号「日中平和友好条約交渉（第三回会談—その１）」、同一三九八号「日中平和友好条約交渉（第三回会談—その２）」、ＤＢ「世日」。

（50）節のないところから枝が出る意。

（51）佐藤大使発外務大臣宛電信、第一四〇七号「日中平和友好条約交渉（第四回会談—その１）」、同一四〇八号「日中平和友好条約交渉（第四回会談—その２）」、ＤＢ「世日」。

（52）佐藤大使発外務大臣宛電信、第一四三三号「日中平和友好条約交渉（第五回会談—その１）」、同一四三四号「日中平和友好条約交渉（第五回会談—その２）」、ＤＢ「世日」。

（53）佐藤大使発外務大臣宛電信、第一四四八号「日中平和友好条約交渉（第六回会談）」、ＤＢ「世日」。

（54）無題〔六回の会談の総括〕（作成日付不明）、外情（2013-783-9）。

（55）佐藤大使発外務大臣宛電信、第一四六四号「日中平和友好条約交渉（第七回会談—その１）」、同一四六五号「日中平和友好条約交渉（第七回会談—その２）」、ＤＢ「世日」。

（56）佐藤大使発外務大臣宛電信、第一四八八号「日中平和友好条約交渉（第八回会談—その１）」、同一四八九号「日

中平和友好条約交渉(第八回会談—その2)」、DB「世日」。
(57) 佐藤大使発外務大臣宛電信、第一五〇二号「日中平和友好条約交渉(第九回会談)」、DB「世日」。
(58) 佐藤大使発外務大臣宛電信、第一五一二号「日中平和友好条約交渉(第一〇回会談—その1)」、同一五一三号「日中平和友好条約交渉(第一〇回会談—その2)」、DB「世日」。
(59) 佐藤大使発外務大臣宛電信、第一五三〇号「日中平和友好条約交渉(第一一回会談—その1)」、同一五三一号「日中平和友好条約交渉(第一一回会談—その2)」、DB「世日」。
(60) 佐藤大使発外務大臣宛電信、第一五五〇号「日中平和友好条約交渉(第一二回会談)」、DB「世日」。
(61) 張香山発言については以下を参照。永野前掲書、二六一—二六六頁。
(62) 外務大臣発佐藤大使宛電信、第一〇四四号、一九七八年八月五日、外情(2013-784-17)。
(63) 佐藤大使発外務大臣宛電信、第一五六九号「日中平和友好条約交渉(第一三回会談)」、DB「世日」。
(64) 佐藤大使発外務大臣宛電信、第一五八二号「日中平和友好条約交渉(第一四回会談概要)」、DB「世日」。
(65) 佐藤大使発外務大臣宛電信、第一六〇六号「日中平和友好条約交渉(第一回大臣会談)」、DB「世日」。
(66) 佐藤大使発外務大臣宛電信、第一六〇八号「日中平和友好条約交渉(第二回大臣会談)」、DB「世日」。
(67) 佐藤大使発外務大臣宛電信、第一六一七号「日中平和友好条約交渉(第一五回会談)」、DB「世日」。
(68) 佐藤大使発外務大臣宛電信、第一六四三号「日中平和友好条約交渉(第一六回会談)」、DB「世日」。
(69) 奥脇直也編集代表『国際条約集』(有斐閣、二〇〇九年)に掲載されている中ソ同盟条約の和訳文は「廃棄の希望を表明しない場合には五年間延長され」となっている。後日中国が実際に採った措置は、一九七九年四月三日黄華外交部長が、中国駐在ソ連大使を呼び、全国人民代表大会常務委員会において中ソ同盟条約を延長しないことが決議されたと通告した、ということであった由。
(70) 佐藤大使発外務大臣宛電信、第一六七五号「日中平和友好条約交渉(第三回外相会談)」、DB「世日」。
(71) 主要な報道内容は以下を参照、外務省アジア局中国課監修『日中関係基本資料集 一九七二年～二〇〇八年』(財団法人霞山会、二〇〇八年)資料四〇、一〇一—一〇三頁。
(72) 鄧小平副総理は、一〇月二五日の日本プレスセンターにおける記者会見において、天皇陛下との会見の印象について記者側からの質問に対し、次のように述べた。「今回私達は天皇、皇后両陛下に丁重なご歓待を受けたことに感謝する。天皇との会見は午餐を入れて二時間、短くはなかった。お互いに過去について話した。しかし、天皇は過去より未来に目を向けていることに私達は注目した。天皇は条約調印に関心を寄せていた。この点、私達は非常に満足している」(前掲『日中関係基本資料集 一九七二年～二〇〇八年』資料四三、一一〇―一一一頁)。

(73) 『入江相政日記』第五巻(朝日新聞社、一九九一年)三八〇頁。

(74) 『入江相政日記』第六巻(朝日新聞社、一九九一年)三九〇頁。

(75) 中国課「福田総理・鄧副総理会談記録(第一回目)」一九七八年一〇月二三日、「歴史資料としての価値が認められる開示文書(写し)」(2004-1022-3)、外務省外交史料館。

(76) 中国課「福田総理・鄧副総理会談記録(第二回目)」一九七八年一〇月二五日、「歴史資料としての価値が認められる開示文書(写し)」(2004-1022-4)、外務省外交史料館。

(77) 前掲『日中関係基本資料集 一九七二年～二〇〇八年』資料四三、一〇七頁。

(78) 当時中国では、「四つの近代化(現代化)」が国家目標として掲げられていた。

(79) 一月一八日にジャカルタで行われる予定だったが、安倍総理がアルジェリアで起きた邦人拘束事案について直接指揮をとるため帰国を早めたことにより、演説は行われなかった。

# 座談会　日中平和友好条約締結から四〇年——交渉過程の回顧と検証

田島高志、高原明生、井上正也

## 今回の田島大使証言の意義

**井上**　田島大使の外交証言録はご自身のメモや外交史料をもとに交渉過程を丹念に追いかけています。これまで日中平和友好条約交渉については、東京新聞の永野信利さんの『天皇と鄧小平の握手』(行政問題研究所、一九八三年)がよく参照されてきました。この本は当時の大森誠一条約局長のいわゆる「大森メモ」が使われています。今日でも資料的価値の高い本ですが、裏付けの取れない箇所も多くて、研究者がそのまま使うには躊躇するところもあります。また、岩波書店『記録と考証　日中国交正常化・日中平和友好条約締結交渉』(石井明・朱建栄・添谷芳秀・林暁光編、二〇〇三年)は、先ほどの永野さんをはじめ、丁民・中江要介・張香山といった日中双方の交渉当事者の証言を広く集めていますが、日中の事務レベルの交渉記録は入っていません。そういう意味で、今回の証言録は非常に貴重だと思います。大使ご自身では、今回の証言録のどこが新しいとお考えでしょうか。

**田島**　ありがとうございます。そうお聞きしますと、確かに交渉参加者自身が交渉過程を通して書いたものは、これまでなかったかもしれません。機微な交渉であり、直接の交渉関係者が少なかったことにもよるかもしれません。私自身にとりまして非常に貴重な経験でしたし、しかも複雑な内外の背景が関係して時間がかかり、日本外交にとり重要で大変な交渉でした。「まえがき」に書きましたように、先輩である堂之脇光朗公使が当時は大使館側にいて、彼からこれだけの交渉に携わったからには、将来の日本外交や日中関係に役立つかもしれないから、二人で共著を書かないかと誘われたのです。そこで書き始めたのですが、まもなく公使は急逝されたので、自分が書き上げなければと思ったのです。本来は自分が経験したことに絞って忠実に紹介するつもりで、総理・外務大臣・次官以下を含め外務省側の考えなどを含め、自分が経験したことを、そのとおり正直に書いて行こうと思ったのです。感想や経験で興味ある事など、どういう経緯をたどったかを書くつもりでした。数年前から書き始めたものでしたが、そのうちに極秘扱いの記録が、だんだん解除され公開されてきました。それらも参照しながら、昨年あたりから一気にまとめようとしました。内容は私の記憶とメモが中心ですが、資料にも依拠して正確さを期すようにしました。

**高原** 交渉過程を生々しく描いた臨場感のある実録物だといえます。それだけに、ここはもう少し書きたかったとか、ここは事情があって言いにくい部分もあったというような箇所はあるのでしょうか。

**田島** ありがとうございます。原稿を書くに当たりましては、交渉の事実の流れはもちろんですが、エピソード的な面も含めて、当時の雰囲気を示す事実も入れる内容にしようと考えました。しかし、この条約交渉は非常に機微な外交案件でしたから、交渉問題は次官と外務審議官と官房長と二人の局長と二人の課長だけに限られた超極秘扱いの職務でした。日中関係は何年たってもさまざまな問題を含みつつ動いてきていますから、相手国にも自国にも周囲にも迷惑が掛からないように、極秘事項が洩れて不要な問題を生じさせる可能性のあることは避けるようにしました。ですから、今回の原稿に間違ったことは書いていませんが、書ける部分であっても、多少穏やかな書き方にした点もあります。今はほとんどの資料は開示されています。ただ一部の微妙なところは留意するのが適切である点がありました。

なお井上先生が触れられた永野氏の著作は、大きな流れを詳しく調査して書かれた力作だと思います。しかし、いろんな方々からの証言を集めているせいか、個々には間違っている箇所もあり、読者は若干の注意を要する点があります。

例えば、二一二頁に「田島高志中国課長が藤尾正行ら慎重派国会議員に日中条約締結の必要性を説いて回った」と書かれていますが、私は慎重派議員の方々に直接説明に出向いたことは一度もありません。また、「日中条約交渉の経緯」というメモを田島が提示したと永野さんは書いていますが、私が議員の方からメモを書いてくれと頼まれたこともありません。中江局長が議員のどなたかより書いてくれと頼まれたのです。中江局長が私を呼び、口述した文章を私が筆記し清書したものを、局長の指示に従い、私がどなたであったか忘れましたが、それを持っていって渡したのです。たまたま私が届けたためか、「田島メモ」と呼ばれることになってしまいました。

また、二六〇—二六一頁に、八月四日の第一一回佐藤・韓会談で、日本側の出した第三国条項案に対して韓念龍が「『解釈的な表現ですね』と気乗りのしないような反応を見せた」と書いてありますが、中国側が日本側の案を聞いてその場で反応することはなく、このときも翌日の第一二回で「解釈的だ、弁解的だ」として反対しました。また、その後「中国側は、第三国条項以外の日本案にはあまり反論を加えず、覇権条項を含めて日本案を受け入れることを示唆していた」という文言がありますが、事実は、第三国条項以外にも条約の有効期限、中ソ同盟条約の問題など、議論を要することは多く残っていました。

二六七頁には、園田外相の訪中に当たり、A・B・C・D案という四案を用意してあったとありますが、事実と異なります。箱根では諸案が検討されたようですが、それは佐藤・韓会談において日本側が今後提示するために検討する案でした。その後、訓令で送った最後の二案もそこで検討された案の中の一つです。その後、落としどころの案として訓令で送られた四案は、組み合わせが異なります。

二七六頁に、佐藤大使が八月七日、第一三回会談で、D案またはその前に手渡した高島案のいずれかを選んでほしいと中国側に提示した旨書いてあるのも、事実ではありません。高島案というのは、二五七頁にある高島外務審議官が以前に内部の検討会で提出した案文(「この条約は、各締約国と第三国との関係に影響を及ぼすものと解してはならない」)のことですが、それを見た福田総理が、意味が十分ではないと言われたので、小和田恆首相秘書官が一カ所直した小和田案とでもいうべきもの、永野さんはそれも高島案と言い続けています。その新しい案文(「この条約は、第三国との関係に関する各締約国の立場に影響を及ぼすものではない」)は、その後日本側が提出した二案の一つであり、先方が最後に同意した案文でした。このような二つの案を出したのはまずかったと永野さんは書いていますが、まずかったはずがないし、外務審議官や局長が二案を出したのはまずかったと言ったとか、園田外相が激怒したとかいうのも別のことでした。事実は私が本書に書いたとおりで、第一三回会談で提案した二案の一つは上記の小和田案で、もう一つは別の案でした。

さらに、二八一頁の末尾に、外相会談を行っているときに、韓念龍副部長が「突然、『日本案に同意します』と回答した」と書いてありますが、事実は、第二回外相会談で黄華外交部長が「日本側の案に同意する」と回答したのです。

二八三頁に、「あとは……条約案文を整理するだけとなった」とありますが、事実は、第三国条項、中ソ同盟条約、協議事項、有効期限などの問題が残っていました。

永野さんの本は、全体としては立派な本ですが、条約交渉の部分は不正確な点がありましたので、永野さんには失礼ながら簡単にご説明しました。

いっぽう岩波書店の『記録と考証』の証言録の中で、永野信利証言の三〇七頁に、「園田氏がそれを聞いて激怒した」と書かれていますが、その対象が不正確であり、大臣が本当に激怒したかどうかも不明です。三〇六頁に書かれた「大森メモ」を永野さんはよく引用されますが、私は「大森メモ」を見たことがありません。

**井上**　そのメモは公文書ではなく私的なものですね。

**田島**　そうです。永野さんの引用を見る限り、不正確な私的メモです。また、『記録と考証』のなかの張香山証言については、彼は中日友好協会の副会長でもあるし、中央放送事業局長です。三一八―三一九頁の「第二案」というのは間違いです。「すでに中国側に提示してしまった」というのも間違い。園田外相が黄華外相に質問したというのも間違い。日本案はどういう案か黄華外相が園田外相に尋ねたなどというのもないことでした。

丁民さんは私が条約交渉に携わった期間に中国側のカウンターパートである中国外交部アジア司日本処処長として、信頼できる友人関係を維持できた相手側の立派な人物でした。証言は淡々と正直に誠実に条約交渉の過程を書いており、中国側からの見方・考え方がよく分かる文章だと思います。ただ中国側からの見方であり、日本側が交渉の成功のためにかけた努力については、丁民さんといえども十分理解していたとは見られません。でもそれはやむを得ないことでしょう。また訪中して丁民さんに再会できれば嬉しいと思います。今年中に是非行ってみたいと思っています。

**高原**　丁民さんにして理解が十分でないとは、どういった問題についてですか。

**田島**　日本側の中にいたわけではありませんから、日本側の裏のことが分からないのはやむを得ないと思います。例えば、福田総理が慎重派の理解を得るためにいかに苦労したか、園田外相が慎重派から自分への批判を受け過ぎないように、いかに自分を抑えていたか、などまでは分からなかったでしょう。中国側は、そのような自民党の党内事情や日ソ関係の厳しさを理解できずに、「決断は一秒で済む」とか「ソ連に気兼ねしている」という一方的な見方を繰り返していましたから。しかし、丁民さんは、あるいは分かっていても立場上公開の場では言えないことがあったかもしれませんが。

**高原**　間違いは書いていないのですね。

**田島**　間違いはないですね。自分の立場からの見方を書いたのであって、最後は周恩来には条約の出来上がった後日本に行ってもらいたかったのに残念だと結んでいます。そのことはよく分かります。周恩来総理はきっと非常に喜んだでしょう。もし来日したらどのような感想を述べたか、実現できなくて残念であったと私も思います。中江局長の証言については、優秀な人ではあるでしょうが、物事を裏と斜めから皮肉っぽく見て、喜びをあまり見せず、淡々と仕事を片付けていくという感じの方でした。

**井上** 中江大使の書いた文章はやや斜に構えた感じですね。

**高原** ご自分が碧雲寺で見た孫文の詩、「世界の潮流は浩浩蕩蕩たり　之《これ》に順《したが》えば則ち昌《さか》え　之に逆《さから》えば則ち亡ぶ」に感動なさったようですね。

**田島** 園田大臣主催の答礼宴で大臣がされる挨拶の原稿の中には必ずこれを入れるように、と私に言われました。このことは『記録と考証』の中江さんの文章にも入っていますね。

## 日中国交正常化交渉との比較

**井上** 日中条約交渉の記録を見ますと、時間をかけて緻密に交渉を進めています。一九七二年の日中国交正常化交渉と比べると対照的で、このときは田中角栄首相と大平正芳外相ら政治家主導による短期決戦でした。橋本恕中国課長が当初は局長や次官も飛ばして、大平外相と交渉の段取りを進めていたと言われます。これに対して、七八年の交渉は福田首相の指示を仰ぎながら、次官・外務審議官・局長・課長と外務省が全省レベルで緻密に交渉戦略を立てていた印象を受けます。大使から見て二つの交渉にスタイルの違いはあったのでしょうか。

**田島** 交渉の進め方において政治家主導か官僚主導かのスタイルの違いは、国内政治の状況、相手側の情況、交渉締結の必要度、時間的な逼迫性、問題の複雑性、などによって変わると思います。国内の政治的観点から総理や大臣の方針が明確である場合と、国際的観点から外務省あるいは関係省庁も含めて政策を検討し、総理あるいは大臣の了承を得て進める場合とに分けることができるかもしれません。後者の場合は、利害や分野の相異の関係もあり、時間がかかります。この条約交渉の場合には両方の面があったと思います。国交正常化の際には、時間的・内容的な必要度が、政権維持との関係で迫っていました。条約交渉の場合は、内容の外交的必要性、国内政治の観点、国民の声の有無等から見ると、政治的にも官僚的にも慎重に進める必要があり、時間をかけて丁寧に進めました。すでに日中関係は動いていたので、切迫した必要性の高い条約ではなかったのです。とはいえ、日中関係をより固めるためには単なる共同声明だけではなくて、条約を作る必要性がありましたし、やるべきだという国民の声や合意がありました。ですから、交渉を進める義務はあったのですが、一刻一秒を争うものではなかった。ただ共同声明にも条約締結の事は謳われており、賠償や台湾問題もないので、交渉は一、二カ月で終わると思われていました。

ところが、覇権条項の問題が『東京新聞』に出たりしたために、ややこしくなったのです。しっかりとした交渉はしましたが、先方の方針と日本側の方針との乖離を埋めるのに時間がかかりました。福田総理が対ソ関係を心配し過ぎて日中関係の方は不十分だったからだという見方もあったようですが、私はそうではなく、福田総理としては、条約は政権としても是非仕上げるべきだと考えてはいたと思うのですが、急ぐよりも、良いものを作ろうということだったと思います。ソ連に対しては北方領土の問題がある上に、国内には漁業で生きている漁民が多く、漁業交渉の問題がありますから、それを片付けないと国民をきちんと食べさせる内閣ではなくなりますから、それを実行しつつ日中もやりたいという考えであり、日ソ関係を軽視はできなかった。ソ連側は、日本も反ソの意図で中国と手をつなぐのかと迫ってきた。

今から考えると、ソ連とは北方領土交渉や漁業交渉があるので、ソ連と仲良くしないと困るのは日本として当然であり、反ソはできない国柄ですよとソ連を説得すれば、ソ連を安心させる手立てになったかな、などと思ったりします。そうすれば覇権条項はもう少し早く解決したかもしれませんね。

**高原**　中国側は一九七二年時点での毛沢東・周恩来の権威と健康状態に比べ、それ以降の一九七三年には毛沢東が周恩来を批判し、批林批孔運動が始まりました。そこに原因があって、先方の交渉のスタイルが変わってきた、ということはありますか。

**田島**　それはよく分かりません。中ソ関係はすでに最悪の状態でした。中国側は何としても統一戦線に日本を抱きこもうという戦略的な思考から条約を使おうとする意図がありありでした。日本側は、それは困る、日中関係をよくしましょうと言えばそれでいいじゃないかと思っていました。覇権条項について、ソ連に対する説明にも、日本としては先ほど触れましたようにもう少し工夫が必要であったと思われます。中国側にも、ソ連とは日本として国民の生活を維持するために仲良くしなければならない、日本はソ連と喧嘩をするような力はないので、あまり無理して日本を抱えこもうとしないでよ、と説得する方法もあったかもしれませんね。

**高原**　中国内部で内輪もめがあるときは、やすやすとは妥協できないものですね。鄧小平が決断できる状況になってきたときに条約もスパッと決まりました。

**田島**　そのとおりだと思います。一九七六年は中国側も国内情勢で大変でしたし、日本側も大福戦争、角福戦争があって落ち着きませんでした。鄧小平は失脚していたし、文革もまだ残っていました。最後に判断することができる指導者を欠いていました。七七年七月になって鄧小平が職務を回復して出てきてから、実権派の世界になっていくわけです。華国鋒は毛沢東にあなたがやれば安心だと言われて主席になったということですが、それしか基盤がなかったので、華国鋒も宙ぶらりんな態度から次第に鄧小平の強さを感じて、条約成立の頃は事実上鄧小平派の時代になっていたのではないかと思います。

その点に関しては、一九七八年末の第一一期中央委第三回全体会議において新たな権力関係が形成された、すなわち、華はかつて鄧小平批判に与して鄧の早期復活に消極的であったことを率先自己批判して鄧派にまわり、汪東興、呉徳らと一線を画するに至った、との説を聞きました。

**高原**　条約締結当時、中国では華国鋒路線を支持する汪東興らが、毛沢東のすべての決定と指示、「二つのすべて」を守ろうとしたのに対して、鄧小平路線を支持する胡耀邦らが先頭に立って「実践こそ真理を検証する唯一の基準である」と唱える、真理基準論争をやっていましたね。

長い期間外務省の幹部が中国に滞在して交渉に当たるというのは異例でしたか。確か大使は三週間以上いましたね。アジア局長も長く滞在していました。

**田島**　日本の外交も国連加盟、ＯＥＣＤ加盟、日韓基本関係条約締結などを経て、次第に忙しさが増えてきました。日中条約が出来たので、日本の外交も幅がいっそう広がることになりました。それまでは日米安保条約を基軸として米国すがりの活動が中心であったと思います。従って、外交活動と言っても、外務省はさほど忙しくありませんでした。私の経験では、昼休みにはトランプとか麻雀をした若い時代がありましたが、その後は忙し過ぎて残業も長くなり、昼食時間の余裕さえもない状態になりました。北京での交渉は、問題点が明らかな毎日の集中交渉でしたから、大使館から佐藤大使と堂之脇公使、本省からアジア局長、条約課長、中国課長の三人の計五名での対応でした。実際の交渉は、次官、外務審議官、官房長、条約局長計四名と上記五名を加えた九名のみで極秘裏に扱ったものでした。その意味で異例であったと言えると思います。交渉の能率を上げるため、少数の参画者が一緒に行く必要があったのだと思います。

## 中国課長の職務について

**井上** 一九七六年一二月に中国課長に着任されてから、北京側の政策に関してどういうルートからの情報を最も重視していましたか。

**田島** 共産党の独裁体制の国ですから、先ず最高指導者の考えや動きを知ることが重要です。最高指導層の言動に関する情報集めと分析を常に行いました。現地の大使館の大使または館員を通じて、中国側との直接の会談から得る情報もあれば、来訪者が先方と会ったときの感想や先方の発言等から得る情報もありました。北京駐在の他国大使館の大使や館員から得る情報もあります。各国駐在の日本大使館から入る電報や報告文書もあります。これら必要な情報はまとめて調書にして省内や出先大使館に配布したりしました。

また、大蔵、通産、農林、文部など他省庁の課長との連絡や協議、あるいは、民間団体、企業からの報告、連絡、協議などから重要な情報を得る場合もありました。

**井上** 国交正常化の後に北京に大使館が設立されました。大使館があると入手できる情報の質量に変化があるものでしょうか。

**田島** もちろん大いにあります。現地にいると政府の動きだけでなく、非政府機関の動きも観察でき、関連情報をとることができます。また、他国の中国駐在大使館の大使または館員から情報を受けることもあります。信頼できる他国大使館員とは、それぞれの持つ情報を交換し共有したりします。ですから、親しい信頼できる友人をいかにたくさん作るかは、外交官として最も大切な任務の一つです。宴会を開き日本料理をご馳走し、親しく信頼できる人物を探し、増やすのです。

**高原**　中国側の情報ルートで頼りになったのは廖承志さんですか。

**田島**　そうですね。日本語で会話できますしね。佐藤大使も交渉が始まる前に向こう側の考え方を尋ねますが、廖承志さんとは話が通じます。通訳を通じてでは話のニュアンスは伝わり難いですから。

**井上**　中国課で対中政策を検討するときに、研究者や学者の助言を仰ぐことはありましたか。

**田島**　中国の政治、経済事情や要人の言動などをどう見るかなどについて、お会いした機会にお聞きすることはよくありましたが、政策面で助言を仰ぐことは余りありませんでした。衛藤瀋吉先生は私の大学の時のゼミの先生で、石川忠雄先生は慶應の塾長になられた方ですが、その前に、外務省が学者を一定期間大使館に招く特別研究員制度があり、石川先生には一年ほど香港総領事館に滞在していただきました。お二人とも親しくさせていただいたし、著書も読ませていただきました。でも、条約問題で直接ご意見をうかがうことはありませんでした。新聞や雑誌にお二人が寄稿された論評等は読ませていただきました。若泉敬先生にはお目にかかる機会はなかったように思いますが、昭和五二年(一九七七年)一一月一五日付の『世界週報』「世界の焦点」コラムに寄稿された文章には感銘を受けました。条約交渉のさなかでした。中ソ対立は根が深い、中ソ対立に巻き込まれてはならない、わが国の外交には甘さがあり、分析と透徹した判断力を要する、冷静な観察眼をもって堂々と主張せよ、と書かれていました。中嶋嶺雄先生とも親しくさせていただきました。私が北京に在勤しているとき、中嶋先生がロシアから日本に帰国される途次、北京に寄るという知らせがありましたので、北京市内をご案内しました。その際人民大会堂の前に珍しく多くの大型乗用車が駐車していて、重要な会議が開かれている様子があり、中嶋先生にご説明したことを覚えています。先生が台湾贔屓だということは知っていました。その後もお会いしたことはありますが、条約について議論したことはありません。私は現役引退後、先生のご縁で国際教養大学の客員教授を三年間務めました。

**井上**　証言録の中で、南西アジア課長に任命されたとき、人事課長から次は中国課長だよと内密に言われたとありますね。歴代の中国課長を見ますと、橋本恕さんと國廣道彦さんまでは英語研修組で、藤田公郎さんが初めて中国語研修を受けた狭義のチャイナ・スクール出身の中国課長になります。田島大使はその二人目となる中国課長です。この時期から、中国語をやっていた人を中国課長にする人事が固まってきていたのですか。

**田島**　そうです。外務省はそのために中国語を習わせたわけですから。私は大学時代に同窓生から勧められて中国語を始めました。藤田さんとは北京で一緒でした。北京に大使館が設置されたとき、中国語ができる者は殆ど北京に集められました。中国語研修者は藤田さんの後に二人いて、私は四番目でした。二番目は中米の国の大使を務め、三番目は私が北京から帰国時に、私の後任になりました。その後、外務省をやめて国会議員になろうとしていた話がありました。人事課長は以前からよく存じていた先輩でした。私は南西アジア課長としてインド亜大陸の情勢を勉強できてよかったです。就任直後にバングラデシュでクーデターが起こり、初代大統領が暗殺された事件があり、現地日本大使よりの強い要請で新政権を直ぐ承認したことは忘れられません。パキスタンには政府派遣の大型経済ミッションを実現させました。インドには何度も出張しました。

**高原**　当時、チャイナ・スクールは一期に一人ですか。

**田島**　一人です。衞藤先生の自宅を訪ねて中国語を選択しましたと報告しますと、それは小村寿太郎以来だね、などと笑って言われました。上級職では毎年一人ですが、中級職あるいは専門職では二人の年もありました。

なお、中国課の当時の職務としては、本文に書きましたように、日中気象回線設立に関する取極の締結、日中商標保護協定の締結、対中鉄道技術協力覚書、対モンゴル・カシミヤ衣類工場建設支援取極などが、条約問題に加えて次々とありました。

## 交渉方針

**井上** 証言録に「福田内閣が成立した頃の北京の日本大使館では、〔中略〕条約交渉は事務レベルで動かせる時点は既に過ぎており、外務大臣が乗り込んで一気呵成に走らないと進捗は無理ではないか、との見方が強かった」とあります(第1章2節)。こうした評価があったにもかかわらず、福田政権の発足当初、本省が慎重に交渉を進める方針をとったのはなぜでしょうか。

**田島** 大使館から私信で届いた見方は、三木内閣の終焉時期のものであり、苦しい交渉が続いた結果、四項目の議論は済んだし、日本側第二次条約案も提示したので、事務レベルで出来ることは十分に行い、一区切りついたとの感覚であったと思われます。

しかし、内閣が替わったので、日中条約は極めて重要な外交案件として新しい総理にこれまでの経緯を説明するのは当然ですし、総理がどういう方針を立てるか、外務省としては、次官・局長と一緒に詳しく説明して、それに対し総理がどのように指示されるかを待つ必要があります。トップが替わるのですから方策が変わる可能性があります。当時は中ソ関係が最悪であり、日米関係を基軸にして、どこの国とも仲良くする基本方針でしたから、単純な段階でした。ただ、対ソ関係は北方領土問題や多くの漁民が生きるための漁業交渉があり、軽視できない関係でした。そのため日中条約はソ連敵視ではなく、反ソ条約でないことを明確にする条文を案出する必要があり、中国側が理解するよう説得する方策の検討が必要でした。

**高原** カーター大統領やヴァンス国務長官、さらにはマンスフィールド駐日大使の発言を引用していらっしゃいますが、交渉促進において米国要因は働いたのでしょうか。

**田島**　日米関係は外交の基軸であって、外交の幅の狭い時期でしたから、対中・対ソ関係等の重要案件については、米国の精神的な支援あるいは理解を得ることが日本政府としても国民に安心してもらうためにも必要であり、重要であったと思います。中国側もそれを熟知しており、米国は日中条約交渉に反対していないということをあえて鄧小平が強調する例に見られるように、戦術の一つにしていたしたたかささえありました。中国は、国交正常化交渉が始まる前日の夜までは日本軍国主義攻撃をしていたのに、共同声明があってからすぐ変わりました。キッシンジャーが日米同盟条約は「瓶のふた」であると言って、中国側も日米関係が中国にとって有益であると理解したという話はよく知られています。日米同盟を批判しなくなり、逆に利用さえするような戦術に出たわけです。

**高原**　民意もアメリカを気にしているということのほかに、プロフェッショナルあるいは政治家の間で、アメリカの意向が非常に重視されているという事情があったのでしょうか。もしそうだとすれば、そこにはどういうメカニズムが働くのでしょうか。アメリカのお墨付きがあることがなぜ重要なのでしょう。

**田島**　それは多少複雑になると思います。すなわち、米国は日本を守ることに利益があると同時に日本の軍国主義化を抑えることにも利益があります。中国は、日本を友好国とすることに利益があると同時に日本の軍国主義化は防ぎたいと考えています。日本は米中両方と友好関係を持ちたいと考えていますが、米国との関係の方がより重要です。日米関係を弱める余裕は日本にはありません。そこに日中関係が割れる可能性が潜んでいます。他方、米中は互いに世界の大国として競合関係にあります。従って、日本は、中国との関係を強化したいと思うときには、米国はそれをどう見ているのかなと、どうしても気にします。そのため、カーター、ヴァンス、ブレジンスキーなどがどう見ているかを確かめるわけです。応援を求めるためではなく、米国が不愉快あるいは反対の思いは持っていないことを確認したいと思うのです。

ただ、日中条約の場合、米国ではその頃、政府側は米中国交正常化をそろそろ実現したいと考えていましたが、議会はそれに慎重であったため、むしろ日本の交渉の成功を見れば、議会の慎重さも和らぐのではないかと政府側が期待していた情況があったように思われました。そのため、米国の政府側は、日本の対中交渉の成功を励ましたのだと思います。日本側もそれで安心したのです。

今後とも日米中の関係は、単純な関係ではない要因を持っていると思われますので、日本としては国益を考えつつ単純ではない賢明な戦略と政策を編み出して行く必要があると思います。

**高原**　条約交渉のさなかにも、アメリカの意向を気にしていたということはないのですね。

**田島**　先に申し上げたとおり、気にはしていましたが、心配していたというほどではなかったと思います。カーター大統領から成功を祈ると言われたので、やはり心配はないと安心したわけで、精神安定剤としての効用であったと思います。

**井上**　アメリカ側の外交文書を見ると、一九七二年の日中国交正常化交渉ではアメリカは日本の動向を大変気にしていましたが、七八年は方向性が一致していたこともあり、日本の政策に強い関心があったようには思えません。日本側も国交正常化のときはかなり詳しく交渉の段取りをアメリカ側に説明していた記録が残っていますが、七八年のときは田島大使がアメリカ側に接触して説明するようなことはなかったのですか。

**田島**　なかったです。むしろ向こうから聞きに来ました。

**高原**　中国側の研究者のなかには、四月末から福田首相が訪米して、日米首脳会談で日本が中国と条約を締結することを評価するといわれて、それで日本は積極的になったのだと言う人もいますね。そういう発言のベースには、やはり日本外交はアメリカ次第という固定観念があるように思います。

**田島**　実際には、カーター発言はそれほど大きな影響ではなく、精神的支援ということであったと思います。米国も中国とは国交正常化しておらず、本式の外交関係はないわけですから、議会との関係もあり、半々の米中関係です。米国は連絡事務所を設けただけですから、これから国交正常化して、さらに条約とでもいう場合に備え、米国がどんな風に日本の情況を見ているのかなと思っていましたが、米国は特に何も言ってきませんでした。逆に研究者のなかには、米国政府は日本の動きを期待して待っていた、日本が成功したら、それで議会を納得させて国交正常化に持って行くことができると考えていた、と見ている人もいます。それが、先ほど私が触れた点です。

**高原**　もしアメリカ側からブレーキをかけるような発言があったとすると、批判でもされたら面倒なことになるということでもあるのですね。

**田島**　当時は米国がブレーキをかけるというような状況は考え難かったです。米国は日本の条約交渉の成功を見たら、直ぐに米中国交正常化を完結したいと考えていたからです。そのような空気は薄々感じられました。

日本は共同声明で国交正常化した後、台湾に対して関係を続けるために大使館ではなく交流協会を作りました。米国もそれを真似するために、中国課に聞きに来ました。そして、米国も交流協会と似たようなものを作りました。

## 条約交渉をとりまく首相・外相の人物像

**井上**　福田赳夫首相とはそれ以前から関わりはありましたか。

**田島**　私の郷里が福田首相の選挙区であり、両親が福田先生と親しい間柄で選挙の際は応援していました。私は外務省に入ったとき福田先生にご挨拶に行きました。条約交渉時代は、課長は末端の責任者に過ぎないわけですから、総理のところに行くのは次官、外務審議官、局長止まりで、課長は行かないのです。しかし、飯倉公館で福田総理も出席されて交渉方針を極秘に検討した際に、私も出席し御挨拶をしたことがあります。

交渉が妥結した日の夜、福田総理が、郷里の私の母親に電話をかけてくださり、「息子さんの活躍のおかげで条約交渉が妥結しましたよ」とお知らせくださったと、母が喜んで私に伝えて来ました。

**井上**　鳩山威一郎外相は日中交渉にどのような姿勢だったのでしょうか。影が薄い印象ですね。

**田島**　大蔵省の主計局長や次官もなさって、佐藤大使とも親しかったと聞きました。私は、七七年九月、鳩山大臣が国連で黄華外相と会談をされた際に中国課長として随行し、報告電報を書きました。しかし、中国側との会談は話が全く弾まなかった。条約交渉には強い関心をお持ちでない様子でした。それより前の八月に鳩山大臣は総理に随行して東南アジアを歴訪した際、朝日の記者に条約交渉に関する情報を洩らしてしまいました。福田総理としては、日ソ共同宣言の際の総理鳩山一郎の息子である鳩山威一郎に外務大臣をさせれば、ソ連を安心させることができると考えた由でした。国連での黄華外相との会談でも、ただ準備された紙を読み上げるだけの感じでした。国連出張前には、このまま対中交渉を中断させるのはまずいので、中国側が何を考えているのか引き出そうと考え、外務省では念入りな発言要領を準備しましたが、残念ながら中国側から全く相手にされなくて、手ぶらで帰って来たような次第でした。

**高原**　本人としては日ソを重視していたからでしょうか。

**田島**　そうではないと思います。

**井上**　むしろ政権内では福田首相と園田官房長官の間に挟まれる形でしたね。

**田島**　外務大臣という職があまり面白くなかったのかもしれません。

**井上**　内閣改造で園田官房長官が外務大臣になりますが、園田さんは福田首相以上に日中交渉に積極的でしたね。交渉が本格化するにつれて、早く訪中したいという園田さんとそれを抑える総理官邸との間を取り持つご苦労はどうでしたか。

**田島**　あまり苦労はなかったように思います。園田大臣は糖尿病が重くて、食事は大きな魔法瓶を持ってそれを飲んでいました。にもかかわらず大変元気で、国会や関係会議に走り回っていました。お宅に報告事項を持ってお邪魔したときも愛想がよくて元気で、北京で最後の記者会見の際にお供しましたが、演台に上る前に私の方を向いて小声で「交渉が妥結したのは君の言ったとおりやったからだよ」と言われ、突然でしたので驚きました。

**井上**　外務省としては条約積極派の園田外相を守り立てながら交渉を進めていったということでしょうか。

**田島**　福田総理と園田外相とは性格も考え方も違う面があります。総理が着実派なら外相は実行派です。双方わきまえつつ大人の付き合いをして成功に動いていったのだと思います。重大な交渉ですから、チームワークが大事です。福田総理は園田さんが嫌いなのではなくて、福田派には慎重派が多く、青嵐会もいて、園田さんに良い感じを持っていなかったので、総理は園田さんを守るために、慎重派を抑えながら、園田さんを無理に押さえる感じではなく、冷静に動かしていた感じでした。箱根会談でも結果の電報が北京に来るわけですが、園田外相の方から、「条文については佐藤大使に任せる。自分は政治会談をやりに行くから」と述べたのに対して、福田総理も「それがいい」と答えたと伝えて来た電報を私は読んでいました。ですから二人三脚が自然に出来ていたのだと思います。二人とも立派で尊敬できる政治家でした。部下にも思いやりがありました。

**井上**　親台派や青嵐会などの政治家との交通整理は、田島課長ではなく中江局長が担当していたのですか。

**田島**　私は課内で課員に指示して職務を果たし、次官、局長の指示を受けて職務を果たしますが、議員との関係は、知り合いであれば自由な意見交換を行い、相互に協力と勉強を行うということです。

ただ、政治家の交通整理を役人がやることは考えられません。政治家と政府の役人は別の世界の人間です。お互いに協力し理解しようとしていますが、別の世界に入り込んで調整などはできません。役人は政策問題を正しく理解し、実行を応援してもらうために政治家に説明したり、答弁したりするだけです。それ以外は個人的な関係になります。福田派内の慎重派の調整は、福田総理を助ける立場にあった灘尾弘吉議員が行ったと思います。

**井上**　政治家からの干渉が交渉に影響を与えたりしたことはなかったのでしょうか。

**田島**　政治家は大臣、副大臣、政務官などに就任しますから、そのような上司からは指示や命令を受けますが、自己の所属省庁以外の大臣等の政治家の指示を受けることはありません。

七八年三月頃であったと記憶しますが、条約交渉準備の進行時期に、旧知の衆議院議員であった野田毅先生と三重県出身の議員藤波孝生先生のお二人から、若手議員たちに条約交渉について説明をして欲しいとの依頼がありました。議員会館において四〇名近く集まってくださり、説明と質疑応答に一時間くらい出席したことがあります。出席者は真剣に聴いてくださり、質問も多くて、喜んでいただきました。

**高原**　有田外務次官が保利茂衆議院議長のところに行っていたとのことですが、それはどういう事情によるのですか。

**田島**　衆議院議長は、議会の最高責任者ですから重要な人物で、条約交渉のさなかでしたが、議会での議論を上手に進めていただくことは政府側から見て大事なことです。隠すべきことも含めて現状を説明し、ご理解とご協力をお願いするわけです。重要な根回しです。

**高原**　批准が必要で議論になりそうなものについて、衆議院議長のところに根回しに行くことは一般的だったのでしょうか。

**田島**　批准が必要とは限らず、重要な案件で国会の議論で揉めそうなものがあれば、礼儀を含めて議長に事前の説明をしておくことは当然あると思います。何が起こるか分かりませんから、進行状況を絶えず知っておいていただくということですね。議長ですから、ほかの議員が知っていて議長が知らないことがあると、困らせることになりますから。保利さんもご自分の動きに神経を使っておられるようでした。自分が勝手に動いたため中国側が動くとか、交渉開始が決まりもしないのに不注意に発言するなどは良くないから、と慎重に控えておくお考えのようでした。

## 中国側の交渉体制

**井上**　鄧小平と華国鋒との権力関係は、今日ではある程度分かってきていますが、交渉当時はどのように見ておられましたか。当時から外交は鄧小平が掌握しているという判断だったのでしょうか。

**田島**　相当前から、これからは鄧小平の中国だと見ていました。七七年に鄧小平が出てきてから、新しい体制が決まりました。華国鋒が主席・総理で、鄧小平は副主席・副総理でしたが、実権は鄧小平が握っているというのが大使館やわれわれの見方でした。鄧小平は頭がいいので、自分がトップであるという言い方はせずに、批准書交換で来日した際にも、福田総理との会談で、華国鋒主席も来日していただきたいと総理が述べた際、鄧小平は「分かりました、ありがとうございます。華国鋒総理にお伝えします」と応えたのですが、即座に「自分が伝えてからお応えするのは時間がかかるので、私がここで喜んでお受けします」と応え直したので、やはり実力は上だなとまざまざ感じました。

**井上**　当時の中国外交部をどのように評価していましたか。証言録では、韓念龍外交部副部長が外国出張中でなかなか反応がこなかったという話があります。文革終結間もない段階で、対日政策に関する中国外交部の体制がまだ十分に固まっていない印象を受けます。

**田島**　外交部では、副部長が何名かいて、アジアは韓念龍という体制であったと推測できます。韓念龍は日本だけが相手ではなく忙しかったと思います。

私たちが気にしたのは、外交部の体制というよりも、佐藤大使が廖承志と韓念龍の二人を相手にして来たので、それは友好協会と政府という別組織の両方を相手にして来たことになるが、引き続き両方から情報をもらわないと中国側の正確な考え方は分からないのかな、どうしたらよいかなと心配しました。廖承志の方が通じ方はよく、納得いく返事が来ます。こちらとしては廖承志と話した方が早いと思うのですが、交渉は政府を相手にするのが正常ですから、迷っていたわけです。廖承志も気を配って、韓に同じことを話してほしいと言うのです。それはどういう意味があるのだろうか。責任を回避しようとしているのか、あるいは政府の顔を立て、筋を通そうとしているのかと考えた結果、やはり筋だろうと推測しました。それが正しかったし、二人とも仲が良さそうですし、お互いに助け合っていたと思います。文革が終わるか終わらないかの間際で、外交部の人材も少なかったと思います。中国ですから外交は対ソ関係も対米関係もありますが、人材はあまり多くなかった。鄧小平副総理、外交部長、副部長というラインですが、人材が全体として十分ではなかった。文革で地方に下放されていた影響もあったと思います。また、日中条約は重要条約でしたから、条文の一語にまで、鄧小平自身が直接指揮をしていたようでした。

**高原**　中国側のほかの部門で外交に関わる活動ができるとしたら、軍とか宣伝部門などでしょうけれども、そうした別のアクターの存在はあまり意識しませんでしたか。

**田島**　外交はやはり難しい部門だと思いますし、文革終了直後で、どこの部門がどのように動いているのか不明な面もありましたから、そのような意識はあまりなかったです。ただ、張香山の発言が驚きでしたが、あれは宣伝部門が関わりを示した例であったのかもしれません。

**高原**　覇権に関して、中国側が「覇権主義」あるいは「覇を唱える」という言葉の定義について、こういう意味なのだと説明したことはあったのでしょうか。

**田島**　日本側がいろいろと言いますと、「覇権は覇権で全く解釈の必要はありません」という態度でした。三木内閣の時代に宮澤大臣が四項目に分けて説明しました。中国側と日本側の双方が持つ考え方としてですが、覇権反対は共同行動を意味しない、特定の第三国に対するものではないとか。

**高原**　それは日本側の解釈ですよね。

**田島**　中国側もそういう解釈だと確認しようとしたのですが、向こうはそんな解釈は要らないという態度でした。

**高原**　向こう側がものすごく気にしていることなのに、内容について明確にしないのは不思議な外交ですね。

**田島**　覇権反対はソ連反対と同じで凝り固まっていたのではないでしょうか。佐藤大使は官房長を務めたり条約局長をやったり、重要な条約はほとんどすべて経験しています。

**井上**　条約局長として沖縄返還交渉にも関わられていますね。

**田島**　佐藤大使は赴任した際に、向こうが言い出すまではこちらから条約の事は触れないと決めていました。「日中関係の改善のために貢献したい」と発言するだけで、何カ月かは触れなかった。黙っていた。向こうがどう考えているのか見てきて欲しいという電報が本省から来てから、中国側と話を始めたのです。それも日本がどこの国とも仲良くするという意味とか、出来上がったときにどうやって説明するかとか、下の方からまずイロハのイから間違わずに書いて貰えるような、つまり、下書きから始めたところ、向こうも中ソは中ソ、日ソは日ソ、日中は日中、それぞれ違う接触をすることは当然ということに乗って来たのです。本省では、佐藤大使からの電報を見るたびに、こういう手腕で相手を引っ張って来るのだねと言い合い、感心していました。

## 外務官僚の役割

**井上**　日本側にしてみれば反覇権問題で、中国側がどこまで柔軟に対応して、反覇権条項の解釈の余地を認めるのかがつかめなかった。そこを佐藤大使が自分の考えを示して感触を探ったわけですね。突破口を開いたのは佐藤大使の役割が大きかったのでしょうか。

**田島**　大きかったですね。ようやく同じ土俵に乗って来たのでよかったと思ったのが最初の段階でした。次のステップで、条約の中に覇権に反対という条文を書いた場合に、その意味はどうかということを国会で聞かれたら、日本ではこういう風に説明する、と佐藤大使が書いたメモを渡したのです。すると中国側はびっくりして、全部覇権を否定しているではないかと、廖承志から園田さんに直接問いの手紙が来たのです。そこは佐藤さんが故意にやったのです。まずバッと出して、ここはこういう意味だねという手を使ったのです。

**井上**　一種の駆け引きだったのですね。

**田島**　そうですね。

**井上**　外務省では、佐藤大使が示したメモでは交渉が進まないと心配していたようですが、それを見越してあえてそうして中国側の本音を引き出したのですね。

**田島**　あとからわれわれはそう思って、感心したのです。

ただ、有田次官は、佐藤大使を信頼していましたから、全く心配していませんでした。交渉を通じて、出先の佐藤大使と本省側のトップである有田次官が仲良しであり、長年の友人としてお互いに信頼感を持った間柄であったことが、交渉全体を成功させるに当たり、大きな役割と貢献をされた鍵であったと私は感じます。

**高原**　張香山が共同通信にリークをしたのは、彼のミスなのか、それとも先方の交渉戦術の一端なのでしょうか。

**田島**　よく分かりませんが、勝手に推測すれば、張香山は待ちきれなくて、「こんな簡単な条約であるはずなのに、何を日本は厄介なことを言い出すのか、鄧小平の言うように一秒で済むことじゃないか」と思い、彼は外交の人間ではないし、交渉事には慣れていないので、イライラして来たのではないでしょうか。もっともらしい案を出して、自分が手柄を立てようというような野心があったとは思えません。日本側が韓団長に抗議をしたところ、「日本の方がいろいろありもしないことを日本の新聞に洩らしているではないか、こちらのほうが秘密を守っていますよ」と言われてしまいました。

しかし、先方は独裁国であることを考えると、日本側を動かす策略であったのかもしれません。

**高原** ずっとホテルに滞在されて、保秘の上で、どのようなことに気をつけていらっしゃいましたか。

**田島** 会談場から帰ってきてから明日はどういう発言をするか相談するわけですから、相手方に知られては困りますのでね。

**高原** 盗聴されているかもしれませんしね。

**田島** 大使館で相談したのだと思います。

**井上** 電話は盗聴される恐れがありますが、電報は暗号ですから大丈夫ですね。電話は差し支えのない中身になるのでしょうか。

**田島** 聞かれてもいいことしか電話では話しません。

**井上** 日中交渉を見たとき、佐藤大使が総理官邸をリードしていたという評価は適切でしょうか。

**田島** 佐藤大使が適切な報告と判断を本省および総理に与えてくださいました。相手側を上手に引っ張り出すことに成功したということだと思います。

**井上** 大使が最初から官邸を引っ張っていたというよりは、指示が来るまでは慎重だったのですね。

**田島** 初めて赴任する国なので向こうの様子、人柄、状況、環境をよく飲み込む必要があるというお考えであったのではないでしょうか。経験されているヨーロッパとは違う初めてのアジアへの赴任ですから、まず空気を知ろうという交渉前の準備であり、戦略であったと思います。

## 尖閣問題

**井上**　一九七八年の日中交渉において尖閣問題の処理は、四〇年後の今日から見たときどのように評価できるでしょうか。

**田島**　交渉再開に入ろうとしていた際に、突然一〇〇隻以上の中国漁船が尖閣諸島周辺に出現し、領海内へ侵入しているのでびっくりした事件が起こりました。しかし、中国側が、偶発的な事件であると釈明したので、適切に収束できました。ただ、誰が何を目的に事件を起こしたのかは謎のまま残りました。よく考えますと、日中関係は、中国の内政情況、権力争いなどに相当な影響を受けるものであることを示した大きな事例の一つであったと思います。この事件の場合には華国鋒が背後にいたとの説がありましたが、華国鋒はその頃すでに実権を鄧小平に任せた感じになっていた時期なので、それは当たらないのではないかと思いました。江青とか張春橋などの上海派が鄧小平ら実権派に対して意地悪をした可能性、軍の可能性などはあったと思います。いろんな地域の漁船があったらしいですね。反対派というのは各地にあったので、各地から漁船を呼んだのかもしれません。国交正常化のときも、国民を納得させるために周恩来が全国に人を送って説得し、正常化を実現したそうですね。反日的感情は全国各地どこにでもたくさんあったと思いますから、友好関係などとんでもない、賠償をもっと取るべきだという感じが満ち満ちていたのではないでしょうか。その恨みはわれわれの理解を超えるものだったのではないですか。政府側はそれを抑えるのに、日本との関係を害するつもりはないと一生懸命弁解するわけですね。漁船がたまたま来るわけないはずですけど、たまたま来たのだというのですね。七八年ですから鄧小平は指揮権を持っていましたので、鄧小平もびっくりしたのではないですか。

**高原**　戦争への恨みがベースにあったのかもしれませんが、何か要因がないと漁船が組織立って出ていくはずがありません。状況証拠を集めると、次のようなことが言えるのではないかと思います。

まず、元上海総領事の故杉本信行さんが本に書いていますが、漁船は海軍の基地から無線で指示を受けていた。次に、漁船が来た二カ月ほど後に上海で貼り出された壁新聞に、上海副市長の陳錦華が漁民をたきつけるような演説を行ったと書かれていた、と香港『明報』が報じています。さらに、漁船が現れたまさにその日、海軍第一政治委員の蘇振華が華国鋒のところに行って長時間話し込み、鄧小平への不満を語った。どういうことかというと、その数日前に南海艦隊の基地である湛江で、人民解放軍海軍創設以来の最大の爆沈事故が起きた。それについて鄧小平が海軍司令部を厳しく叱責したのを蘇振華が不満に思って、華国鋒のところに訴えに行ったというのです。これは元新華社の高級記者であった楊継縄が、中国国内で出版された本にも書いていることです。

それらを総合しますと、海軍が絡んでいた可能性が高い。漁民をたきつけたとされる陳錦華と蘇振華ないし海軍の関係について調べてみると、「四人組」逮捕の直後に、華国鋒と葉剣英たちが数名からなるチームを「四人組」の根拠地である上海に送り込んで事態の鎮静化を図りますが、そのときのリーダーが蘇振華で、数名のメンバーの一人が陳錦華でした。

これから先は私の推測になりますが、一つの可能性として、蘇振華が陳錦華に指示をして漁民を出させ、それに海軍が協力した。それは尖閣問題を「棚上げ」して日中平和友好条約を締結しようとする鄧小平を邪魔するためで、華国鋒は漁船の派遣について直接的な役割はないが、鄧小平に対する蘇振華の反発に共鳴したことは確かであるようです。

**田島**　組織的な反対運動が起こったのですね。初めてお聞きしました。

**高原**　中国政治を研究していますと、ついつい内政の外交に及ぼす影響を重く見るようになります。一九七八年には華国鋒を支持する側と鄧小平を支持する側との間で「真理基準論争」というイデオロギー闘争が燃え盛り、そのさなかに日中交渉があったものですから、尖閣事件は権力闘争と密接な関係があったのではないかと思えるのです。

**田島** そういうことはあったのでしょうが、私は交渉問題に夢中だったので分かりませんでした。今ではそこまで研究が深まっているのですね。

**井上** 園田・鄧小平会談での尖閣発言についてですが、外務省事務当局は尖閣問題について一切言及しないという立場でしたから、事前に準備したものがあったわけではないですね。にもかかわらず、なぜ園田外相は尖閣について言及したのでしょうか。

**田島** 尖閣については鄧小平が園田大臣にいろいろ発言していました。そこで、中江局長から高島外務審議官、佐藤大使を経て、園田大臣のところに小さなメモが行きました。私はそれを見ていて、鄧小平から尖閣の事を言われたので、こちらからも何か言っていただきたいというメモに違いないと推測しました。そうしたら園田大臣はそれをちらっと見て、鄧小平の話が途切れたときに、「尖閣の事で自分も黙って帰るわけにはいかない、日本の立場は閣下ご承知のとおりである、だから先般のような事件は二度と起こして欲しくない」と言ったのです。そうしたら、鄧小平は、「あれは漁船が魚を取りに行ったので偶然に起こった事件だ、中国政府としてはこの件で問題を起こすことはない」と言ったのです。それで園田大臣も、これならば帰国して説明できると思ったのでしょうね。それで、また覇権の話に戻ったのです。園田大臣は帰国後の週刊誌のインタビューで、尖閣についても話して来るようにと東京から電報で指示があったと述べています。

その背景としては、総務会での議論が非常に厳しかったとは聞いています。中曽根さんが総務会長できつい条件を出していたようですから。総理は、灘尾さんとか、青嵐会的な議員を抱えていましたから、できたら言ってきて欲しいというようなことを言われたのかもしれませんね。そのことを園田さんも知って来たのではないでしょうか。やはりひとこと言っておかないとまずい、総理に説明できないと理解していたのでしょうね。上手におっしゃったと思います。

**高原**　総務会の決議も含めて、相手に日本側の主張を認めさせろという要求が出るのは、今の日本政府の姿勢とは違いますね。今は問題の存在を認めないので、むしろ言及してはいけないことになっていますね。

**田島**　そう言えると思いますが、当時も今も立場は同じだと思います。中国は今まで何十年も黙っていて、石油が出てから突然領有権の事を言い出すのはおかしい、と日本側がいうのは自然な考え方であり、中国が勝手に作り出した問題で勝手に騒いでいることで、こちらは知りません。国際法上間違いなくやってきた、と考えているわけですから。それは法という形式としては正しいと思いますが、中国側から見ると日清戦争で中国が負けそうになったのを見て勝手にとったとか、人の弱みに付け込んでやったのではないかとか、いろいろ考えていると思います。しかし、それは理屈にはなりません。むしろ理屈になり得るのは大戦前に何の主張もしていなかったこと、一九二〇年に尖閣諸島で遭難した中国漁民を日本人が救助したことに中国側から感謝の礼状が送られて来たり、古い中国の地図には尖閣諸島が日本領土として書かれているとか、日本側では反論できる材料がいくらでも出て来ます。中華人民共和国ができてからでも、中国はいくらでも主張するチャンスがあったではないかというわけです。

**高原**　一九七二年の国交正常化交渉の際に、田中角栄が周恩来との会談で尖閣を提起したときは、「尖閣諸島についてどう思うか。私のところに、いろいろ言ってくる人がいる」と発言しました。中国が急に主権を主張し始めたので、ちょっと言ってやってこい、という感じだったのでしょうか。今日の立場からすると、あのとき田中が尖閣を提起したのは間違いだった、問題があることを認めたようなものだという批判もありうるようですが。

**田島**　そうでしょうね。田中総理もやっと総理になったばかりでしたから、選挙民なり自分を支持してくれた人からの声を無下にするわけにはいかないこともあって、ああいう人柄ですから、一つ言ってみようかと軽く考えたのかもしれませんね。

**高原**　省内討議でも、ただちに詰めすぎるわけにはいかず、別途取り上げることは避けられないという理解がされていたということですが、外交問題としていずれ取り上げるという考えが、当時は普通だったのでしょうか。

**田島**　そうですね。当初は国際法上日本の領土である証拠が十分あるので、中国との話し合いで解決できると思っていた。ところが、中国は強硬なので、無意味な言い争いは控え、国際法上の立場を示すだけにしたのです。しかし、外交上の問題となれば一番良いのは触らない、喧嘩しない、仲良くしようということになります。「触らない」のがお互い賢明な行き方だと思いますね。

**高原**　お互いに触らないという、暗黙の了解はできていますね。

**田島**　残念ながらできているとは言えません。国交正常化のとき条約課長だった栗山尚一大使はこの問題について書いています。最後の文章を見ますと、触らないという暗黙の了解があった、ただ、中国は何年でもそのままにしておくと言いながら、九二年には領海法をつくって、現状変更に態度を変えた、しかし、やはりもう一度、触らないという暗黙の合意の原点に戻すべきだ、と言っていますが、私もまさにそういうことだろうと考えています。

**高原**　栗山さんは、一度、棚上げがあったとどこかで書いて、そのあと訂正したのだったでしょうか。日本政府は法的に問題があるという立場はとらないので、棚上げというと棚に上げる問題があるような意味あいが出ることもあり、その言葉は使わないことにしたのですが、触らないという暗黙の了解はできたのではないかということですね。

**井上**　棚上げという言葉にはいろいろな意味があるように思えます。領有権の棚上げを認めたとは日本政府としては言えない。ただ広義の棚上げの意味で、問題を議論しないことを棚上げというのであればかまわないように思いますが、今は棚上げという言葉を用いること自体がタブーになっています。

**田島**　棚上げというのは鄧小平が来日したときの記者会見の際、王效賢が通訳として初めて使ったのです。北京で鄧小平が園田外相に使った言葉は、わきに置くとか、そういう言い方に王效賢は通訳していました。中国語では「擱」「放」(放っておく、置く、そのままにしておく)といった動詞ですね。それを王效賢が誤解の生じる意訳を東京では使ったのです。放っておくとか、わきに置くとか、そういう風に持っていくことが対中外交として最も大事なことだと思います。触らないでそのままにしておくという言い方ですね。

本年五月に李克強首相が来日した際、諸種の交流促進の文書が日中双方の総理立ち合いの下に署名されましたが、その一つは海空不測の事態を避けるための「日本防衛省と中国国防部との間の海空連絡メカニズムに関する覚書」です。先の党大会や全人代の結果、習近平主席の権力が強くなったのですから、軍がいたずらしないように習近平主席が抑えてくれることが大事だと思います。触らないで行動を起こさないでおけばいいのです。

私は、習近平国家主席が二〇一五年五月に「中日友好交流大会」に出席して演説をした際、次のように発言したことを記録しています。「中国は、中日関係の発展を高度に重視している。中日関係は困難な時期を経ているが、この基本方針は終始変わらないし、これからも変わらない。われわれは日本側と手を携えて、四つの政治文書の基礎の上、両国間の善隣、友好、協力関係を推進していきたいと願っている。」

**高原**　二〇〇六年に国家海洋局が東シナ海にある自国領土を定期巡視する新しい制度を導入したのです。二〇〇七年に韓国との間で揉めている暗礁の離於島《イオド》(中国名、蘇岩礁)に監視船を出し、二〇〇八年一二月には尖閣の周りに出してきました。そういう、行動を促す制度はまずいのですね。今後の日中関係の長期的安定からすれば、そういう行動も、そのもととなっている制度もやめてほしいですね。

**田島**　そうですね。問題がある場合には、お互いに避けあうというのが条約の精神ですから、外国との間は問題を避けて仲良くするという精神を守ることが大切だと思います。

**高原**　自制することが大事ですね。

**田島**　習近平主席みたいに強い指導者が出たときに、両国の首脳同士で自制に合意できればよいですね。

## 日中平和友好条約の歴史的意義

**井上**　日中平和友好条約はどのような歴史的意義があったとお考えでしょうか。

**田島**　国際的に見て日中はアジアでの二大国です。世界で二番目の経済大国である中国と三番目の経済大国である日本が平和友好関係を維持し発展させて行くことは、世界の安定と繁栄を実現させる可能性を大きくした意義があるということではないでしょうか。言い換えれば日中間の友好協力関係が発展するということは、世界の安定と繁栄に貢献できる意義があると思います。

　また、二千年の意味ある交流を持ちながら不幸な一時があったという日中両国の歴史を振り返りつつこの条約の「歴史的意義」を考えるならば、条約第一条に「両国間の恒久的な平和友好関係を発展させ」「すべての紛争を平和的手段により解決し及び武力又は武力による威嚇に訴えないことを確認する」と規定されたことが最も重要で基本的な意義であると思います。

　国内政治的文脈では、中国のような大国と仲良くできるというのは、アメリカのような大国と仲良くしてきたことと同じで、国の制度は違いますが、中国との関係が安定すれば国内政治的にも落ち着きが出ると思います。派閥政治の種になることもあるかもしれませんが。

**高原**　国交正常化のときに田中角栄が、これで国内の喧嘩がなくなるというような言い方をしましたね。中国問題は国内政治の大きなイッシューになっていましたから。

**井上**　福田政権が自派に多かった親台湾派やタカ派を説得して、党一丸となって条約をまとめた意義は大きかったと思います。その反面、日中平和友好条約は講和条約であり、最後の戦後処理外交という意味を持っていました。中国側は「二段階講和」と称して、日中共同声明と日中平和友好条約を一体のものとみなしていますが、日本側は、日華平和条約との関連から、戦争状態の終了とか賠償問題については一九七二年で決着したとする法律的な立場をとり、七八年の条約を切り離して考えています。そのことが日中相互の戦後処理や講和に対する見方の食い違いとして残ったのではないでしょうか。八〇年代に日中間で早くも歴史問題が出てきます。日中平和友好条約は、こうした問題も議論すべきであったと思いますが、あまりにも反覇権問題にパワーが割かれてしまったという印象を受けます。

**田島**　覇権条項があったので意味があったという気もしますね。中国が強くなると覇権主義になる恐れもあります。そういう意味で、鄧小平は頭のいい人であったので、もしそうなったら中国自身が反対しなければいけないし、日本や世界の国が反対しなければいけない、と園田外相に言いました。中国は必ず強くなると予見していたのです。

**高原**　周恩来も同じようなことを言っていたようですね。一九七三年六月、アメリカの中国研究者の代表団が北京を訪ねた際、若い女性研究者がいて、周恩来が彼女に、「将来中国が覇権大国になることがありうると思いますか」と尋ねた。「そんなことはありえないと思います」と答えたら、周恩来は、「それは分かりませんよ。中国が覇権の道を歩むことはありえます。でも、もし中国がそうしたら、あなたは反対すべきです。そしてその世代の中国人に、周恩来に反対するように言われたのだと伝えてください」と言ったのです。周恩来にせよ鄧小平にせよ、冗談には聞こえないのです。本気でそう考えていたのではないでしょうか。

**田島**　中国人は長期的にものを考える習慣、性格、よく言えば能力がありますから。一年二年じゃないのです。

香港も一国二制度を五〇年間守るとか、イギリスには九九年間領土だとして、九九年過ぎてからしっかり復帰させたわけですし。習近平も建党百年、建国百年の計画を立てていますから、スケールが大きいのです。

**高原** 覇権の定義にもよりますが、中国が強大になったのは事実ですから、世界の人民と中国の人民は、ともに中国政府に反対すべき時が来たと言えるでしょうか。

**田島** 今はそれに近い時かもしれませんが、その時がすでに来たというのはやや言い過ぎだと思います。そうは言いませんが、強国になるということは、自然にそのように言われる危険性があるということを中国には十分留意して欲しいと思います。「中国は脅威ではない」と中国はよく言います。ほかの人や国が中国は脅威だと言うと、不快に思ったり怒ったりするのですが、それは間違っています。脅威であるかどうかは、相手側がどう感じるかという感じ方の問題であって、態度や行動が正しいかどうかは別問題としてあるかもしれませんが、怖がるというのは、怖がらせている方が怖くないのだよと言っても仕方ない、意味がないのであって、怖いという感情をなぜ相手に与えているのかいないのか、善意と公正の信念を持って真剣に検討し、相手の目線を持って正しく判断することが必要であり、重要だと思います。つまり、中国が、強いが優しく親切で協力的な国として発展することを念願しています。

**井上** 国際政治におけるパーセプション(認識)の問題ですね。

**高原** 権力は関係性のなかに存在します。覇権もそうかもしれませんね。

**田島** 本日は長時間にわたり、貴重な御意見、御教示を賜り、どうもありがとうございました。お蔭様で、日中平和友好条約の意義と関連事項の意味をより深く考証していただくことができたと存じます。

(二〇一八年五月一六日、岩波書店にて)

# あとがき

今年二〇一八年は、日中平和友好条約が締結されてちょうど四〇周年に当たる。筆者は、未だ戦後の冷戦時代で日本外交が必ずしも独り立ちしていない頃に外務省に入省した。それは、東西対立の時代であり、共産圏から革命の輸出を受けないために、米国と安全保障条約を結び、軍備のない日本の安全を守ることが日本外交の基軸となった。隣国で大国である中国には中華人民共和国がすでに樹立されていた。その後、世界は動き、米中関係の雪解けに伴い、日中国交正常化が実現した。

筆者も早速北京の日本大使館に転勤となり、帰国後は外務省中国課長になり、日中平和友好条約交渉に携わる末端の責任者となった。本書に記したように厳しい交渉を経て、幸い条約は締結された。そして、日中関係は条約の精神に従い、政治面、経済面ともに大きく発展した。しかし、国際情勢の変化、第二次大戦中の日中間の不幸な関係による国民感情の影響等により、その後相当の期間は相互理解が不十分な状況が続いた。

近年、両国首脳間で「戦略的互恵関係」の構築が合意され、それに基づく双方の努力の結果、本年が「日中平和友好条約締結四〇周年」であることを記念して、祝意を表し、日中関係の新たなスタートの年とする目的で、本年五月八日から一一日まで李克強中国国務院総理の公賓としての来日が実現した。

日中の両総理は「全面的な改善を進め、日中関係を新たな段階に押し上げたい」(安倍総理)、「総理就任後初となる今次訪日によって両国関係は正常な軌道に戻った。今後新たな発展を得て長期にわたり安定した健全な発展を目指すべき」(李克強総理)との発言を交換した。

これは、二〇一〇年以来八年ぶりの中国国務院総理の公式訪問であり、本年中に安倍総理の訪中、および来年の習近平国家主席の来日も期待されている。

さらに、今回、経済関係強化、国民交流促進、海洋・安全保障を目的とした計一〇の文書が両総理立ち合いの下に署名されたのも、大きな成果であった。

以上のように、筆者のこの拙稿が間もなく出版されることとなった際に、日中平和友好条約締結四〇周年記念を迎え、中国の李総理の来日を迎えた。両総理が「日中関係を新たな段階に、正常な軌道に戻して発展を進める」旨そろって発言したことは、正に日中両国がこの条約の精神を守る決意を表明したことを示すものであり、両国にとりこれ以上の価値あることはないと考える。その意味で、読者の皆様方にもこの条約の意義をご理解頂き、今後の日中平和友好関係の強化と発展のために、ご支援、ご協力、ご努力を続けて下さることを念願致したい。

**田島高志**
1935年生まれ．群馬県出身．
1959年　東京大学教養学部(国際関係論分科)卒業，外務省入省．
外務本省，台湾，英国，香港，ニューヨーク，中国に在勤後，
1975年　外務省アジア局南西アジア課長，
1976年　同アジア局中国課長，
1979年　駐英大使館参事官兼国際戦略研究所(IISS)研究員，
1980年　駐オーストラリア大使館公使，
1983年　国際協力事業団(JICA)総務部長，
1986年　外務省大臣官房文化交流部長，
1989年　駐ブルガリア特命全権大使，
1993年　駐ミャンマー特命全権大使，
1995年　駐カナダ特命全権大使兼国際民間航空機関(ICAO)日本政府代表部大使，
1998-2004年　国際機関アジア生産性機構(APO)事務総長，
2005-2010年　東洋英和女学院大学大学院客員教授，
2007-2010年　国際教養大学客員教授．
著書：『ブルガリア駐在記』恒文社，1994年
『ミャンマーが見えてくる』サイマル出版会，1997年
『改訂版 ミャンマーが見えてくる』有朋書院，2002年

外交証言録 日中平和友好条約交渉と鄧小平来日

2018年8月28日　第1刷発行

著　者　田島高志《たじまたかし》

発行者　岡本　厚

発行所　株式会社 岩波書店
〒101-8002 東京都千代田区一ツ橋2-5-5
電話案内 03-5210-4000
http://www.iwanami.co.jp/

印刷・三秀舎　カバー・半七印刷　製本・牧製本


ISBN 978-4-00-061283-8　　Printed in Japan

**高原明生**（たかはら あきお）

東京大学法学部教授，東京大学公共政策大学院長．東京大学法学部卒業，開発問題研究所博士課程修了，サセックス大学博士．『シリーズ中国近現代史⑤ 開発主義の時代へ 1972-2014』(前田宏子との共著)，岩波新書，2014 年

**井上正也**（いのうえ まさや）

成蹊大学法学部教授．神戸大学法学部卒業，同大学院法学研究科博士後期課程修了，博士(政治学)．著書に『日中国交正常化の政治史』名古屋大学出版会，2010 年(平成 22 年度吉田茂賞，第 33 回サントリー学芸賞)

# 日中平和友好条約交渉関係年表(1971-1979)

| | 日中 | 世界 |
|---|---|---|
| 1971 | | 6. 17 日米沖縄返還協定調印 |
| 1972 | 5. 15 沖縄県復活 | 2. 21 米ニクソン大統領訪中 |
| | 9. 29 日中共同声明発表(国交正常化) | 2. 27 米中共同声明(上海コミュニケ) |
| | 11. 8 衆議院本会議「平和友好条約締結推進」決議 | |
| | 11. 13 参議院本会議「平和友好条約締結推進」決議 | |
| 1973 | 1. 11 在中国日本大使館開設 | 1. 27 ベトナム和平協定調印(パリ) |
| | 2. 1 在日中国大使館開設 | |
| | 4. 12 鄧小平，副総理として再復活 | 3. 29 米軍南ベトナムより撤退完了 |
| | 7 批林批孔運動始まる | 10. 6 第4次中東戦争勃発(オイルショック) |
| 1974 | 1. 3 大平外相訪中 | |
| | 1. 5 日中貿易協定調印 | 1. 30 日韓大陸棚協定調印 |
| | 4. 20 日中航空協定調印 | 4. 14 鄧小平副総理国連出席，「三つの世界論」提示 |
| | 9. 29 日中間定期航空便正式就航 | 8. 9 米ウォーターゲート事件で，ニクソン大統領辞任 |
| | | フォード大統領就任 |
| | 11. 13 日中海運協定調印 | 11. 18 フォード大統領来日 |
| | 木村外相・韓念龍副部長会談(条約交渉開始を合意) | |
| | 東郷次官・韓念龍副部長会談 | |
| | 12. 9 三木武夫内閣成立 | |
| 1975 | 1. 16 東郷次官・陳楚駐日大使会談 | |
| | 1. 23 東京新聞，反覇権問題を報道 | |
| | 2. 14 東郷・陳楚会談 | 2. 4 モスクワ放送，日中条約交渉が反ソ空気と報道 |
| | 3. 4 同上 | |
| | 3. 24 政府派遣日本学術文化使節団訪中 | |
| | 4. 14 東郷・陳楚会談(案文交換)(実は，日本案は3月28日手交，中国案は4月12日に提示) | |
| | 4. 16 小川大使／高島アジア局長・韓念龍副部長会談(北京) | |
| | 4. 21 小川大使／高島局長・喬冠華部長会談(北京)(両会談において，北京では条文交渉，東京では実質問題交渉に合意) | |

| | 日中 | 世界 |
|---|---|---|
| | 4. 24 東郷・陳楚会談<br>4. 25 第 1 回条文交渉(秋山参事官・王暁雲副司長)<br>4. 28 第 2 回条文交渉<br>5. 4 第 3 回条文交渉<br>5. 7 東郷・陳楚会談<br>7. 9 日台航空路線回復<br>8. 15 日中漁業協定調印<br>9. 2 在上海日本総領事館開設<br>9. 24 宮澤外相・喬冠華外交部長会談(国連)<br>9. 29 日中協会設立(茅誠司会長)<br>10. 3 小坂・鄧小平会談(北京)<br>11. 7 宮澤外相，参議院(予算委員会)において「四項目」を説明<br>11. 14 日本側，第 2 次条約案を提示(国連代表部)<br>11. 15 河本通産相訪中 | 4. 30 ベトナム戦争終結(サイゴン陥落)<br>6. 7 日ソ漁業操業協定調印<br>6. 17 モスクワ放送「日本政府に対する声明」<br>9. 30 昭和天皇皇后両陛下訪米(〜10. 14)<br>11. 15 第 1 回サミット開催(パリ，ランブイエ)<br>12. 1 フォード大統領訪中 |
| 1976 | 1. 8 周恩来総理死去(77 歳)<br>3. 8 在大阪中国総領事館開設<br>4. 5 第 1 次天安門事件(周恩来追悼)<br>4. 7 鄧小平失脚，華国鋒党第 1 副主席兼総理就任<br>6. 25 河野洋平ら新自由クラブ結成<br>7. 27 田中前首相逮捕<br>7. 28 河北省唐山大地震<br>9. 9 毛沢東主席死去(82 歳)<br>9. 15 三木内閣改造<br>10. 4 小坂外相・喬冠華外交部長会談(国連)<br>10. 6 江青ら「四人組」逮捕<br>10. 7 華国鋒党主席就任(「四人組」失脚正式確認)<br>12. 2 喬冠華解任，黄華外交部長就任<br>12. 24 福田赳夫内閣成立 | 2 ロッキード事件表面化<br>6. 27 第 2 回サミット開催(プエルトリコ，サンファン)<br>7. 2 ベトナム社会主義共和国成立(南北ベトナム統一)<br>9. 6 ソ連戦闘機ミグ 25，函館空港に強行着陸 |
| 1977 | 1 河野謙三参議院議長訪中，歓迎宴で廖承志挨拶<br>竹入義勝公明党委員長訪中，華国鋒総理と会談<br>3 中央工作会議，鄧小平再復活決定<br>4 土光敏夫経団連会長訪中，華国鋒総理と会談 | 1. 20 米カーター大統領就任<br>3. 19 福田総理米国訪問(〜25)，カーター大統領と会談<br>5. 2 領海 12 海里法，漁業水域 200 海里法公布 |

| | 日中 | 世界 |
|---|---|---|
| | | 5.7 第3回サミット開催(ロンドン) |
| | 6.13 中国外交部，日韓大陸棚共同開発協定が自然承認されたことに対し違法無効を声明<br>7.16 中国共産党第10期中央委第3回全体会議(3中全会)，鄧小平復職，「四人組」永久追放<br>8.2 符浩駐日本大使着任<br>8.6 福田総理，東南アジア歴訪(8.18「心と心の触れあい」演説)<br>8.10 佐藤正二駐中国大使着任<br>8.12 中国共産党第11回全国代表大会(11全大会)，文化大革命終結宣言，「四つの近代化」発表<br>9.25 日中気象回線設立に関する取極，調印締結<br>9.27 日中鉄道技術交流団(滝山養国鉄技師長団長)訪中<br>9.28 日本赤軍日航機ハイジャック事件<br>9.29 日中商標保護協定調印<br>鳩山威一郎外相・黄華外交部長会談(国連)<br>11.28 福田内閣改造(園田直外相，安倍晋太郎官房長官就任)<br>11.30 佐藤大使，韓念龍副部長招宴<br>12.10 佐藤大使・廖承志中日友好協会会長会談 | 6.9 日韓大陸棚協定，国会で自然承認 |
| 1978 | 1.8 佐藤大使，廖承志会長招宴<br>2.14 佐藤大使・韓念龍副部長会談<br>日中長期貿易協議委員会代表団(稲山嘉寛委員長)一行訪中<br>2.16 日中民間長期貿易取決め調印(北京)<br>2.26 第5期全国人民代表大会，新憲法採択<br>3.4 佐藤大使・韓念龍副部長会談<br>3.10 矢野公明党書記長訪中，鄧小平副総理，廖承志会長と会談<br>4.12 中国漁船尖閣諸島領海侵犯事件 | 1.8 園田外相ソ連訪問(〜10) |
| | 4.21 堂之脇公使・王暁雲次長会談(中国側が偶発事件と釈明)<br>5.10 佐藤大使・韓念龍副部長会談 | 4.30 福田総理米国訪問(〜5.5)，カーター大統領と会談 |
| | 5.20 成田に新東京国際空港開港<br>5.23 中国新技術輸出入総公司・新日鉄，上海宝山鋼鉄公司建設議定書・技術協定調印<br>5.31 佐藤大使・韓念龍副部長会談，交渉再開申し入れ<br>6.14 堂之脇公使・王暁雲次長会談，交渉再開(継続)同意 | 5.20 ブレジンスキー米大統領補佐官訪中(〜23)，日本立ち寄り(24) |
| | 6.26 日韓大陸棚協定批准書交換，中国外交部声明 | 6.22 日韓大陸棚協定発効 |

| | 日中 | 世界 |
|---|---|---|
| | 7.17 日本国有鉄道友好団(高木文雄国鉄総裁団長)訪中<br>7.19 日本側交渉団羽田発，北京着<br>7.21 佐藤・韓念龍両団長間事務レベル交渉開始 第1回会談<br>7.22, 24, 25, 27 第2～5回会談<br>7.28 第6回会談(少人数会談)<br>7.31 第7回会談<br>8.1, 2, 3, 4 第8～11回会談<br>8.5 中江アジア局長帰国，第12回会談<br>共同通信遠藤編集局次長訪中，張香山中日友好協会副会長が条文明かす<br>8.6 箱根協議(福田総理，園田外相，主要幹部)<br>8.7 第13回会談(少人数会談)<br>8.8 第14回会談(少人数会談)<br>園田直外相訪中(12：00羽田発，18：40北京着)<br>8.9 園田外相・黄華外交部長会談(午前，午後の2回)，第三国条項案決まる<br>8.10 第15回会談，第1回起草委員会(反覇権条項一部未定)<br>園田外相・鄧小平副総理会談<br>8.11 第16回会談(全員)，交渉完全妥結<br>第2回起草委員会(英訳一部未定)<br>8.12 第3回園田・黄華会談<br>第2回起草委員会，英訳合意成立<br>園田外相・華国鋒主席会談<br>日中平和友好条約署名調印式<br>8.16 中国人民代表大会常任委員会で条約審議，承認<br>8.16, 18 日本の衆議院，参議院それぞれ条約審議，批准<br>10.22 鄧小平副総理夫妻一行来日<br>(羽田，東京国際空港着，特別機)<br>10.23 歓迎行事(迎賓館)<br>福田総理表敬(総理官邸)<br>日中平和友好条約批准書交換式(総理官邸)<br>天皇皇后両陛下御引見(皇居)<br>福田総理・鄧小平副総理会談(総理官邸)<br>福田総理夫妻主催晩餐(総理官邸)<br>10.24 田中元総理表敬(田中邸)<br>衆参両院議長主催歓迎レセプション<br>日産自動車座間工場視察<br>10.25 第2回福田・鄧小平会談(総理官邸)<br>経済団体共催午餐<br>記者会見(日本プレスセンター) | 7.16 第4回サミット開催(ボン)<br>7.24 中国，在越華僑追放問題でベトナムを非難<br>8.15 華国鋒主席，ルーマニア，ユーゴ，イラン訪問(～9.1)<br>9.8 鄧小平副主席，北朝鮮訪問(～13) |

| | 日中 | 世界 |
|---|---|---|
| | 在日華僑との茶会<br>鄧小平副総理夫妻主催晩餐(ホテルニューオータニ) | |
| | 10. 26 新日鉄君津製鉄所視察<br>東京駅発，京都駅着(新幹線)<br>佐藤首席接伴員主催非公式晩餐 | |
| | 10. 27 御所，二条城，修学院離宮訪問<br>京都府知事・市長・商工会議所会頭共催晩餐 | |
| | 10. 28 京都発，奈良着(近鉄特別列車)<br>東大寺，唐招提寺訪問<br>奈良県知事・市長共催午餐<br>松下電器茨木工場視察<br>大阪府知事・市長・商工会議所会頭共催晩餐 | |
| | 10. 29 造幣局視察<br>関西財界人との昼食懇談<br>大阪国際空港発離日(特別機) | |
| | 12. 7 大平正芳内閣成立 | 12. 15 米中共同コミュニケ |
| | 12. 18 中国共産党第 11 期中央委第 3 回全体会議(3中全会)，「改革開放」政策 | |
| 1979 | 2. 17 中越開戦(～3. 16 中国軍撤退完了) | 1. 1 米中外交関係樹立 |

# 日本国政府と中華人民共和国政府の共同声明

日本国内閣総理大臣田中角栄は、中華人民共和国国務院総理周恩来の招きにより、千九百七十二年九月二十五日から九月三十日まで、中華人民共和国を訪問した。田中総理大臣には大平正芳外務大臣、二階堂進内閣官房長官その他の政府職員が随行した。

毛沢東主席は、九月二十七日に田中角栄総理大臣と会見した。双方は、真剣かつ友好的な話合いを行った。

田中総理大臣及び大平外務大臣と周恩来総理及び姫鵬飛外交部長は、日中両国間の国交正常化問題をはじめとする両国間の諸問題及び双方が関心を有するその他の諸問題について、終始、友好的な雰囲気のなかで真剣かつ率直に意見を交換し、次の両政府の共同声明を発出することに合意した。

日中両国は、一衣帯水の間にある隣国であり、長い伝統的友好の歴史を有する。両国国民は、両国間にこれまで存在していた不正常な状態に終止符を打つことを切望している。戦争状態の終結と日中国交の正常化という両国国民の願望の実現は、両国関係の歴史に新たな一頁を開くこととなろう。

日本側は、過去において日本国が戦争を通じて中国国民に重大な損害を与えたことについての責任を痛感し、深く反省する。また、日本側は、中華人民共和国政府が提起した「復交三原則」を十分理解する立場に立って国交正常化の実現をはかるという見解を再確認する。中国側は、これを歓迎するものである。

日中両国間には社会制度の相違があるにもかかわらず、両国は、平和友好関係を樹立すべきであり、また、樹立することが可能である。両国間の国交を正常化し、相互に善隣友好関係を発展させることは、両国国民の利益に合致するところであり、また、アジアにおける緊張緩和と世界の平和に貢献するものである。

一　日本国と中華人民共和国との間のこれまでの不正常な状態は、この共同声明が発出される日に終了する。

二　日本国政府は、中華人民共和国政府が中国の唯一の合法政府であることを承認する。

三　中華人民共和国政府は、台湾が中華人民共和国の領土の不可分の一部であることを重ねて表明する。日本国政府は、この中華人民共和国政府の立場を十分理解し、尊重し、ポツダム宣言第八項に基づく立場を堅持する。

四　日本国政府及び中華人民共和国政府は、千九百七十二年九月二十九日から外

交関係を樹立することを決定した。両政府は、国際法及び国際慣行に従い、それぞれの首都における他方の大使館の設置及びその任務遂行のために必要なすべての措置をとり、また、できるだけすみやかに大使を交換することを決定した。

五　中華人民共和国政府は、中日両国国民の友好のために、日本国に対する戦争賠償の請求を放棄することを宣言する。

六　日本国政府及び中華人民共和国政府は、主権及び領土保全の相互尊重、相互不可侵、内政に対する相互不干渉、平等及び互恵並びに平和共存の諸原則の基礎の上に両国間の恒久的な平和友好関係を確立することに合意する。

　両政府は、右の諸原則及び国際連合憲章の原則に基づき、日本国及び中国が、相互の関係において、すべての紛争を平和的手段により解決し、武力又は武力による威嚇に訴えないことを確認する。

七　日中両国間の国交正常化は、第三国に対するものではない。両国のいずれも、アジア・太平洋地域において覇権を求めるべきではなく、このような覇権を確立しようとする他のいかなる国あるいは国の集団による試みにも反対する。

八　日本国政府及び中華人民共和国政府は、両国間の平和友好関係を強固にし、発展させるため、平和友好条約の締結を目的として、交渉を行うことに合意した。

九　日本国政府及び中華人民共和国政府は、両国間の関係を一層発展させ、人的往来を拡大するため、必要に応じ、また、既存の民間取決めをも考慮しつつ、貿易、海運、航空、漁業等の事項に関する協定の締結を目的として、交渉を行うことに合意した。

　千九百七十二年九月二十九日に北京で

日本国内閣総理大臣　　田中角栄（署名）
日本国外務大臣　　大平正芳（署名）
中華人民共和国国務院総理　　周 恩 来（署名）
中華人民共和国　外交部長　　姫 鵬 飛（署名）

# 日本国と中華人民共和国との間の平和友好条約

日本国及び中華人民共和国は、

千九百七十二年九月二十九日に北京で日本国政府及び中華人民共和国政府が共同声明を発出して以来、両国政府及び両国民の間の友好関係が新しい基礎の上に大きな発展を遂げていることを満足の意をもつて回顧し、

前記の共同声明が両国間の平和友好関係の基礎となるものであること及び前記の共同声明に示された諸原則が厳格に遵守されるべきことを確認し、

国際連合憲章の原則が十分に尊重されるべきことを確認し、

アジア及び世界の平和及び安定に寄与することを希望し、

両国間の平和友好関係を強固にし、発展させるため、

平和友好条約を締結することに決定し、このため、次のとおりそれぞれ全権委員を任命した。

日本国　　　　　　外務大臣　　園田　直
中華人民共和国　外交部長　　黄　　華

これらの全権委員は、互いにその全権委任状を示し、それが良好妥当であると認められた後、次のとおり協定した。

**第一条**（平和五原則および武力不行使）

1　両締約国は、主権及び領土保全の相互尊重、相互不可侵、内政に対する相互不干渉、平等及び互恵並びに平和共存の諸原則の基礎の上に、両国間の恒久的な平和友好関係を発展させるものとする。

2　両締約国は、前記の諸原則及び国際連合憲章の原則に基づき、相互の関係において、すべての紛争を平和的手段により解決し及び武力又は武力による威嚇に訴えないことを確認する。

**第二条**（反覇権の原則）

両締約国は、そのいずれも、アジア・太平洋地域においても又は他のいずれの地域においても覇《は》権を求めるべきではなく、また、このような覇《は》権を確立しようとする他のいかなる国又は国の集団による試みにも反対することを表明する。

**第三条**（経済・文化・交流関係）

両締約国は、善隣友好の精神に基づき、かつ、平等及び互恵並びに内政に対す

る相互不干渉の原則に従い、両国間の経済関係及び文化関係の一層の発展並びに両国民の交流の促進のために努力する。

**第四条**（第三国関係）

この条約は、第三国との関係に関する各締約国の立場に影響を及ぼすものではない。

**第五条**（批准，効力，廃棄）

1　この条約は、批准されるものとし、東京で行われる批准書の交換の日に効力を生ずる。この条約は、十年間効力を有するものとし、その後は、2の規定に定めるところによつて終了するまで効力を存続する。

2　いずれの一方の締約国も、一年前に他方の締約国に対して文書による予告を与えることにより、最初の十年の期間の満了の際又はその後いつでもこの条約を終了させることができる。

以上の証拠として、各全権委員は、この条約に署名調印した。

千九百七十八年八月十二日に北京で、ひとしく正文である日本語及び中国語により本書二通を作成した。

日本国のために　　　　園田　直（署名）
中華人民共和国のために　黄　華（署名）

# 中华人民共和国和日本国和平友好条约

中华人民共和国和日本国满意地回顾了自一九七二年九月二十九日中华人民共和国政府和日本国政府在北京发表联合声明以来，两国政府和两国人民之间的友好关系在新的基础上获得很大的发展；确认上述联合声明是两国间和平友好关系的基础，联合声明所表明的各项原则应予严格遵守；确认联合国宪章的原则应予充分尊重；希望对亚洲和世界的和平与安定作出贡献；为了巩固和发展两国间的和平友好关系；决定缔结和平友好条约，为此各自委派全权代表如下：

中华人民共和国委派外交部长黄华；

日本国委派外务大臣园田直。

双方全权代表互相校阅全权证书，认为妥善后，达成协议如下：

**第一条**

一、缔约双方应在互相尊重主权和领土完整、互不侵犯、互不干涉内政、平等互利、和平共处各项原则的基础上，发展两国间持久的和平友好关系。

二、根据上述各项原则和联合国宪章的原则，缔约双方确认，在相互关系中，用和平手段解决一切争端，而不诉诸武力和武力威胁。

**第二条**

缔约双方表明：任何一方都不应在亚洲和太平洋地区或其他任何地区谋求霸权，并反对任何其他国家或国家集团建立这种霸权的努力。

**第三条**

缔约双方将本着睦邻友好的精神，按照平等互利和互不干涉内政的原则，为进一步发展两国之间的经济关系和文化关系，促进两国人民的往来而努力。

**第四条**

本条约不影响缔约各方同第三国关系的立场。

**第五条**

一、本条约须经批准，自在东京交换批准书之日起生效。本条约有效期为十年。十年以后，在根据本条第二款的规定宣布终止以前，将继续有效。

二、缔约任何一方在最初十年期满时或在其后的任何时候，可以在一年以前，以

书面预先通知缔约另一方，终止本条约。

双方全权代表在本条约上签字盖章，以昭信守。

本条约于一九七八年八月十二日在北京签订，共两份，每份都用中文和日文写成，两种文本具有同等效力。

| 中华人民共和国全权代表 | 日本国全权代表 |
| --- | --- |
| 黄　　华（签字） | 园田　直（签字） |

# 日本国と中華人民共和国との間の平和友好条約（案）*

昭和五十三年七月四日
条約局　条約課

日本国及び中華人民共和国は、

千九百七十二年九月二十九日に北京で日本国政府及び中華人民共和国政府が共同声明を発出して以来、両国政府及び両国民の間の友好関係が新しい基礎の上に大きな発展を遂げていることを満足の意をもつて回顧し、

前記の共同声明が将来にわたる両国間の平和友好関係の基礎となるものであること及び前記の共同声明に示された諸原則が国際連合憲章の原則とともに厳格に遵守されるべきことを確認し、

両国間の平和友好関係を強固にし、発展させることを念願し、

あわせてアジア及び世界の平和及び安定に寄与することを希望して、

平和友好条約を締結することに決定し、このため、次のとおりそれぞれ全権委員を任命した。

日本国　　　　　〇〇〇
中華人民共和国　〇〇〇

これらの全権委員は、互いにその全権委任状を示し、それが良好妥当であると認められた後、次のとおり協定した。

**第一条**

この条約は、両締約国間の平和友好関係を強固にし、発展させることを目的とする。

**第二条**

両締約国は、主権及び領土保全の相互尊重、相互不可侵、内政に対する相互不干渉、平等及び互恵並びに平和共存の諸原則の基礎の上に、両国間の恒久的な平和友好関係を発展させるものとする。

両締約国は、前記の諸原則及び国際連合憲章の原則に基づき、相互の関係において、すべての紛争を平和的手段により解決し及び武力又は武力による威嚇に訴えないことを確認する。

**第三条**

この条約は、特定の第三国に対して向けられたものではない。

両締約国は、そのいずれも、アジア・太平洋地域においても又は他のいずれの地域においても覇《は》権を求めるべきではなく、また、このような覇《は》権を確立しようとする他のいかなる国又は国の集団による試みにも反対であることを重ねて表明する。

**第四条**

両締約国は、善隣友好の精神に基づき、かつ、平等及び互恵並びに内政に対する相互不干渉の原則に従い、両締約国間の経済関係及び文化関係の一層の発展並びに両締約国の国民の交流の促進のために努力する。

**第五条**

この条約は、批准されなければならない。批准書は、できる限り速やかに　　で交換されるものとする。この条約は、批准書の交換の日に効力を生じ、いずれか一方の締約国が一年の予告をもつて廃棄しない限り効力を有するものとする。

以上の証拠として、各全権委員は、この条約に署名調印した。

千九百七十八年　　月　　日に　　で、ひとしく正文である日本語及び中国語により本書二通を作成した。

日本国のために

中華人民共和国のために

＊ これは 1978 年 7 月 22 日，佐藤正二大使日本代表団団長と韓念龍副部長中国代表団団長との第 2 回会談において日本側が中国側に示した案である．